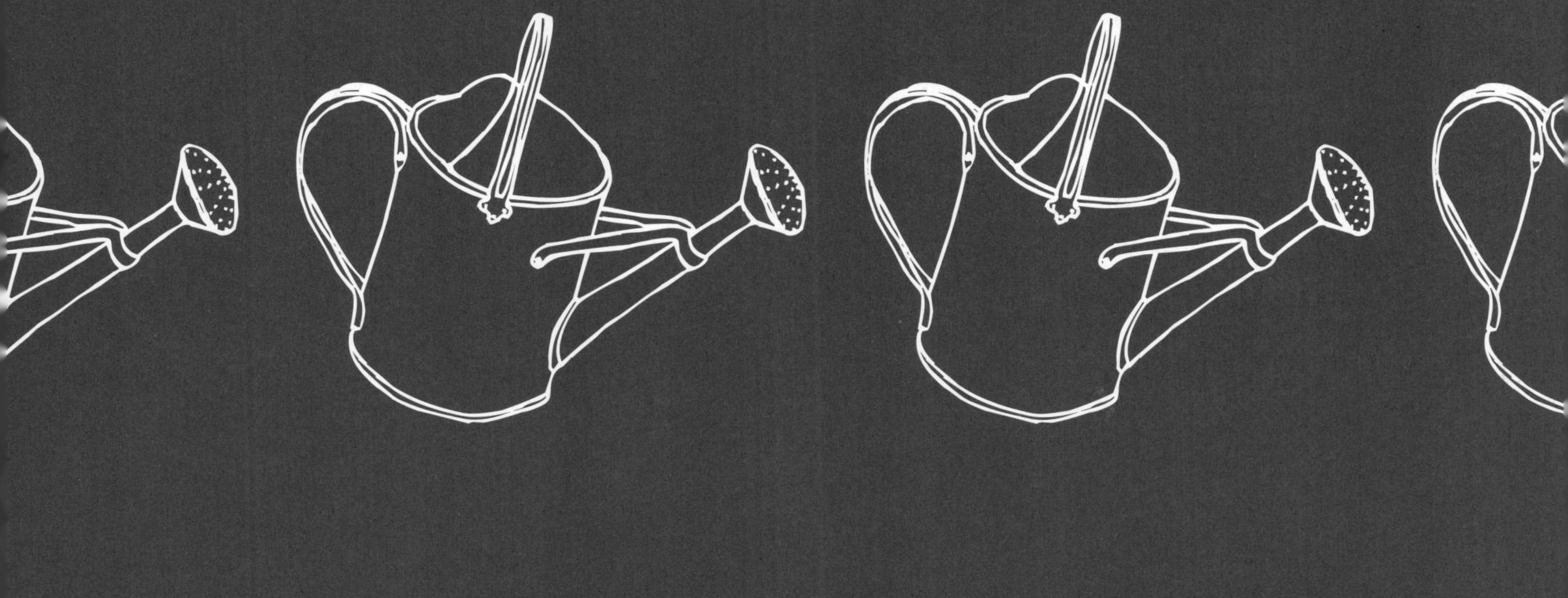

Mein Schrebergarten

Mein Schrebergarten

Freude und Erfolg im Kleingarten

KOSMOS

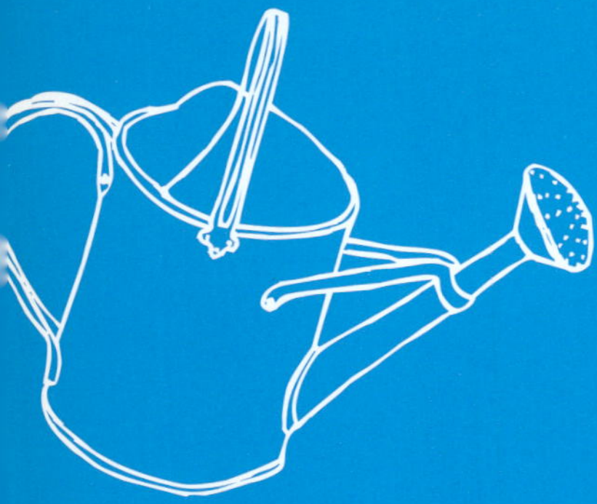

Die Autoren

Dr. sc. agr. Achim Friedrich: Der Diplom-Agraringenieur hat auf den Gebieten Gemüse- und Obstbau promoviert und habilitiert. Seit 1990 ist er Vorsitzender des Landesverbandes Brandenburg der Gartenfreunde e.V. und seit 2000 Mitglied des Präsidiums des BDG.

Prof. Dr. Gerhard Richter: Als Vorsitzender des Wissenschaftlichen Beirats im BDG und als Hochschullehrer für Landschaftsarchitektur ist der Autor mit der Planung und Forschung von Kleingärten und Kleingartenanlagen eng verbunden.

Karl-Heinz Schmidt: Der Diplom-Gartenbauingenieur und Dozent für Zierpflanzenbau i.R. ist in die Fachberaterausbildung beim Landesverband Brandenburg der Gartenfreunde e.V. in Potsdam integriert.

Dr. Ilona Schonhof: Die Wissenschaftlerin im Leibniz-Institut für Gemüse- u. Zierpflanzenbau Großbeeren/Erfurt e.V. ist als Ausbilderin der Gartenfachberater im Landesverband Brandenburg der Gartenfreunde e.V. und als Fachberaterin im Kleingartenverein „Werderscher Weg" Potsdam tätig.

Theresia Theobald: Die Juristin ist seit 1993 hauptberuflich Geschäftsführerin des BDG und zuständig für Geschäftsführung des Verbandes, Kontakt mit den Landesverbänden, Verwaltungen und Institutionen.

Andreas Vietmeier: Der Diplom-Gartenbauingenieur ist Pflanzenschutzberater beim Pflanzenschutzdienst der Landwirtschaftskammer Nordrhein-Westfalen in Münster. Für den BDG schreibt er regelmäßig Beiträge zum Pflanzenschutz in Haus- und Kleingarten.

Inhalt

Lust auf Schrebergarten

Von wegen unmodern: Immer mehr und gerade auch junge Menschen, die keine Wohnung mit eigenem **Garten** haben, zieht es in die Kleingartenanlagen. Hier gibt es Freizeitspaß für die ganze **Familie** und den optimalen Ausgleich zum Alltagsstress. In der kleinen Gartenwelt kann man an den Abenden, am Wochenende und in den Ferien herrlich in der Sonne sitzen, den **Pflanzen** beim Wachsen zusehen und ein bisschen nachhelfen, Obst naschen und Gemüse ernten.

↑ *Wer möchte auf diesem Liegestuhl nicht ein Ruhestündchen einlegen? Und sollte die Sonne es gar zu gut meinen, dann bietet auch die Terrasse ein blumig-schattiges Plätzchen .*

↓ *In diesem Kleingarten hat bereits der Spätsommer mit seiner Farbenpracht Einzug gehalten. Höher wachsende Gehölze geben Struktur und unterschiedlich hohe Stauden vermitteln Bewegung.*

Da geht jedem Gärtner das Herz auf

Schrebergärten in voller Pracht

Die Pracht eines Kleingartens wird sich für jeden Menschen anders erschließen. Für die einen stehen gut gedeihendes Gemüse, Obst und Kräuter im Vordergrund, für die anderen ist der Erholungswert in einem Blütenmeer die Hauptsache. Die Nächsten wollen einen Ökogarten und ihre Nachbarn schaffen sich einen Wellness-Garten mit Platz für Familie und Kinder.
Allen, die einen Garten bewirtschaften, ist aber eines gemeinsam: Sie sind ihre eigenen Gartengestalter. Und dabei können nicht nur Pflanzen aller Art in ihren unterschiedlichsten Erscheinungsformen genutzt werden, sondern auch dekorative Elemente, zum Beispiel Steine oder Holz, und natürlich eine Laube in die Gartengestaltung einbezogen werden. Das Gartenhäuschen muss sich in Größe und Gestaltung dem Naturraum unterordnen.

↑ *Der Brunnen am Ende des unversiegelten, von Stauden gesäumten Gartenweges zieht den Blick auf sich. Links und rechts des Weges sind Gemüse- und Blumenbeete angelegt.*

↓ *In diesem Schrebergarten steht der Anbau von Gemüse und Obst im Vordergrund. Die einzelnen Kulturarten wurden traditionellen Beeten zugeordnet, die von Blumen umrahmt werden.*

Die Fantasie kennt keine Grenzen

Die Gestaltungsmöglichkeiten in der Kombination von Nutz-, Zier- und Erholungsfunktion sind unendlich. Das ist auch der Grund dafür, dass jeder Garten seinen ganz persönlichen Charakter hat. Rund um das Jahr bietet ein Garten im Wechsel der Jahreszeiten immer wieder neue Angebote für alle Sinne. Das Auge wird verwöhnt durch Blüten und Blätter in den Farben des Regenbogens, dem Ohr schmeichelt das Summen der Insekten und das Gezwitscher der Vögel, die Zunge erfreut sich an den Köstlichkeiten der Früchte, die Nase wird durch das Erblühen bestimmter Pflanzen erfreut und der Tastsinn genießt das Gefühl von feuchter Erde. All dieser Genuss ist das Ergebnis der eigenen kreativen Gestaltung und Arbeit. Es liegt in der Natur der Sache, dass unter diesen Voraussetzungen jeder seinen Garten für den schönsten hält und so soll es auch sein.

↑ *Dieses moderne Gartenhaus wurde nach den Bedürfnissen der Familie gestaltet und nach Süden ausgerichtet. Von der Terrasse aus kann man sich immer an der jahreszeitlichen Farbenpracht des Gartens erfreuen.*

↓ *Der Traum vom eigenen kleinen Haus im Grünen – mit einladender Terrasse, liebevoll mit Tisch, Liegestuhl und einem Sonnenschirm ausgestattet, umgeben von Schlingpflanzen und Blumenampeln.*

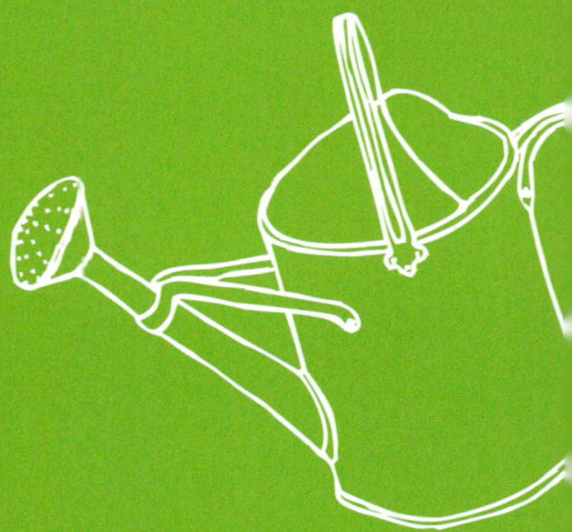

Lust auf Laube

Das Gartenhaus

Für die meisten Gartenfreunde gehört eine gemütliche Laube unbedingt zum Gartenleben und vervollkommnet erst das Gartenparadies. Ein kleines Gartenhäuschen kann so etwas wie eine liebevolle Zweitwohnung in erreichbarer Nähe sein. Gestalterisch ist eine romantische, von Blütenpflanzen und Fruchtgehölzen umgebene Laube, ganz zur Sonne ausgerichtet und ausgestattet mit allerlei Einrichtungen, der kreative Höhepunkt des Kleingartens und ein wichtiger Bestandteil des harmonischen Gartenlebens. Ein Gartenhaus ist zwar nicht unbedingt erforderlich, aber in vielerlei Hinsicht durchaus nützlich: Es kann zur Aufbewahrung von Geräten genutzt werden, Saatgut und Früchte lassen sich darin lagern und es dient als ein erweiterter Wohnraum.
An sich ist so eine Laube ein zweckmäßiger Bau, mit Dach, Tür und Fenstern, aber ohne Keller. Der vor-

↑ *Das Gemüse stets im Blick: Unmittelbar vor dem Gartenhaus befinden sich Gemüsebeete für vitaminreiches Frischgemüse und direkt neben der Laube steht ein Kleingewächshaus für Gurken und Tomaten.*

handene Raum sollte sinnvoll unterteilt sein in einen Aufenthaltsraum, einen Geräteraum und eventuell einer Toilette. Gartenhäuschen in Kleingartenanlagen unterliegen den Bestimmungen des Bundeskleingartengesetzes (BKleingG § 3, siehe auch S. 118 ff.). Danach darf die Grundfläche des Hauses einschließlich des überdachten Freisitzes nicht mehr als 24 m^2 betragen. Die Laube muss einfach ausgeführt sein und darf nicht zum dauernden Wohnen geeignet sein.

Fix und fertig

Im Fachhandel gibt es wärmeisolierte Fertiglauben, meist in Holzbauweise, die mit Kochecke, Schrank, Tisch und Bank, meist auch mit einer Schlafmöglichkeit und an der Rückseite noch mit Geräteraum und Toilette ausgestattet sind.

Bepflanztes Dach: schön nützlich

Die häufigste Dachform ist das Satteldach, aber auch Pultdächer sind möglich. Ein bepflanztes Dach ist sowohl ein ökologischer Umweltbeitrag als auch eine individuelle Gestaltung. Als Pflanzen eignen sich Gräser, Hauswurzarten, Fetthennen, auch Schnittlauch und sogar Duftpflanzen.

Ein Sitzplatz muss sein!

Die dem Gartenhaus zugeordnete Terrasse sollte mindestens 10 m^2 groß sein, um ausreichend Platz für einen Tisch mit Stühlen und vielleicht noch einen Liegestuhl zu bieten.
Die Ausrichtung der Terrasse ist idealerweise nach Süden oder Südwesten. So lassen sich auch am Abend noch die letzten Sonnenstrahlen einfangen.

Das blaue Eingangstor mit dem berankten Torbogen wirkt liebevoll einladend.

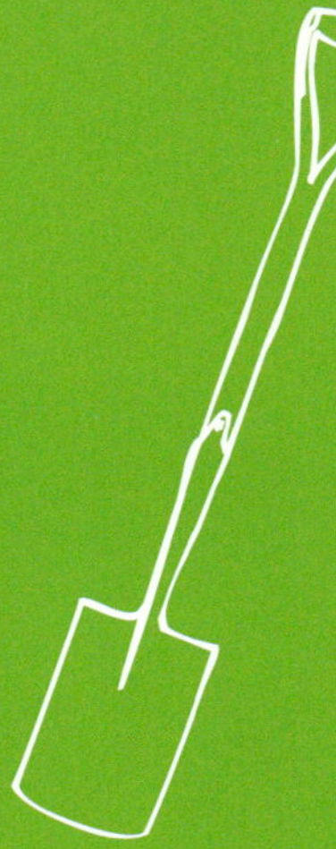

Eingangstor, Wege & Hecken

Hereinspaziert!

Der Eingangsbereich eines Schrebergartens ist vergleichbar mit einem Vorgarten. Hier kann man bereits erkennen, ob der Kleingärtner eher offen oder verschlossen ist, ob der Garten romantisch und üppig oder eher vorsichtig und exakt bepflanzt ist. Dabei sind Zäune, ob aus Holz, Maschendraht oder in Form einer Hecke nicht als Besitzgrenze zu sehen, viel mehr dienen sie der Raumbildung des einzelnen Gartens.

Das Tor zum Garten

Das Gartentor kann einfach aus Holz, gusseisern oder verzinkt sein. Besonders hübsch wirkt ein mit markanten Schling- oder Kletterpflanzen berankter Bogen. Für solch einen Pflanzbogen eignen sich rosa oder violett blühende Akebien *(Akebia quinata)*, Strahlengriffel *(Actinitia arguta)* mit essbaren Mini-Kiwis, bezaubernde Waldreben *(Clematis montana)*, Kletterrosen ('Schneewalzer®' in Weiß, 'Goldstern®' in Gelb, 'New Dawn' in Hellrosa oder 'Veilchenblau' in Purpurviolett) oder Geißblatt (z. B. *Lonicera japonica* 'Aureoreticulata' mit gelbbuntem Laub), unterstützt durch immergrünen Efeu *(Hedera helix)*.

Kleine Grenzen

Als Beeteinfassung können Sie eine Begrenzung aus Steinen, Kunststoff oder Metall wählen. Wenn Sie lieber eine lebendige Einfassung schaffen möchten, so sind Gehölze, zum Beispiel Buchsbaum oder Fünffingerstrauch zu empfehlen, aber auch duftende Kräuter, wie Lavendel, Thymian oder Heiligenkraut. Und warum nicht einfach mal eine Reihe Schnittlauch als Abgrenzung zu einem Gemüsebeet pflanzen?

Tipp: Der Weg ist das Ziel

Vom Eingang führt ein Weg zur Laube, der von Stauden, ergänzt mit farbintensiven Sommerblumen und Kleingehölzen, begleitet werden kann. Der Weg sollte 70 bis 90 cm breit, rutschfest und bei jedem Wetter begehbar sein, das heißt, dass auf einen Ausbau mit griffigen Platten oder Pflastersteinen Wert gelegt werden sollte. Auf dem Bild rechts führt ein Weg mit Granitsteinpflaster und breiten Fugen durch den Garten.

↑ Durch den romantischen Eingangsbereich kommt man in einen Kleingarten mit in Form geschnittenen, niedrigen Buchseinfassungen und abwechslungsreichen Staudenbeeten.

↓ Auch ein schmales Beet zwischen Laube und Gartenweg kann sehr vielfältig bepflanzt sein – mit Rosen, Tagetes und Lavendel im Vordergrund, Tomaten und Weinreben an der Hauswand.

Die Palmlilie (Yucca filamentosa) *eignet sich auf Grund ihrer schönen Blätter und prachtvollen Blüten als Solitär- oder Leitpflanze in Staudengruppen.*

Blütenfülle ohne Ende

Farbenprächtige Stauden

Auf Stauden möchte kaum ein Gärtner verzichten. Die Vielfalt dieser Pflanzengruppe ermöglicht es, in jedem Gartenbereich – Sonne oder Halbschatten, am Sitzplatz, unter Bäumen, am Wegrand oder am Teich, die persönlichen Vorstellungen umzusetzen. Mit ihrem Farbenreichtum und den unterschiedlichen Blütezeiten verwandeln sie jeden Kleingarten in ein blühendes Wohnzimmer.

Was sind eigentlich Stauden?

Stauden sind mehrjährige, krautige Pflanzen, die in jedem Frühjahr neu austreiben. Die Böden in den Kleingartenanlagen erfüllen in der Regel ihre Ansprüche. Grundsätzlich muss zwischen sonnen- und schattenliebenden sowie schattenverträglichen Arten und Sorten unterschieden werden. In Gärtnereien und Gartencentern werden die Stauden nach folgenden Standortansprüchen (Lebensbereichen) angeboten: Gehölz, Gehölzrand, Freifläche, Beet, Steinanlagen, Wasserrand und Wasser.

Stauden pflanzen

Vor der Pflanzung wird die Pflanzfläche leicht gelockert und Wurzelunkräuter werden entfernt.
Bei leichten, sandigen Böden empfiehlt sich die Einarbeitung von Komposterde.
Der Wurzelballen der Stauden sollte ausreichend feucht sein. Die Pflanzen werden ausgetopft, ohne den Wurzelballen zu beschädigen, die Topfballenoberkante wird 1 cm unter der Erdoberfläche eingesetzt und mit dem Mutterboden angedrückt. Trotz nasser Topfballen ist ein Angießen erforderlich.

↑ *Die rosarote Blütenfarbe der Pfingstrose* (Paeonia-Lactiflora-*Hybride*) *zieht den Blick des Betrachters auf sich und leitet die anderen Stauden, wie den violett-blauen Pracht-Storchschnabel* (Geranium x magnificum), *ins Blickfeld.*

↑ *Staudenrabatten wirken nur, wenn höher wachsende Arten im hinteren Bereich und niedrige Arten im Vordergrund angeordnet werden. Perfekt ist das Beet aber erst, wenn die Blütenfarben und -zeitpunkte aufeinander abgestimmt sind.*

Die Pflanzabstände richten sich nach dem Wuchscharakter. Sollten auf den Etiketten keine Pflanzabstände angegeben sein, kann man sich nach folgenden Faustzahlen richten: Schwachwüchsige Arten benötigen einen Pflanzabstand von 10 bis 20 cm, stärker wachsende Arten von 30 bis 50 cm und sehr stark wachsende von 50 bis 80 cm.

So bleiben die Stauden schön

Gelegentlich ist eine Bodenlockerung erforderlich, höchstens 3 bis 5 cm tief, um die Wurzeln nicht zu beschädigen. Günstig ist auch ein 3 bis 5 cm starkes Abdecken mit Rindenmulch. Mit einem Staudenrückschnitt wird Einfluss auf die Blütenfolge genommen. Darüber hinaus erzielt man dadurch eine bessere Verzweigung und eine Verjüngung älterer Stauden.

Tipp: **Für Liebhaber – Steingärten**

Steingärten nehmen in den Kleingartenanlagen nur einen geringen Flächenanteil ein. Sie eignen sich zur Gestaltung von Hanglagen, geschwungenen Hohlwegen, dem Übergang zwischen Rasen und Terrasse (siehe Bild) und als Unterpflanzung für Zäune. Steingartenstauden wollen trocken stehen, wie Blaukissen *(Aubrieta)*, Karpaten-Glockenblume *(Campanula carpatica)*, Steinbrech-Arten *(Saxifraga)*, Alpen-Aster *(Aster alpinus)* oder Pfingst-Nelke *(Dianthus gratianopolitanus)*.

Umgeben von Stauden und Ziergehölzen, wie Margeriten, Strauch-Spiere und Weigelie, lädt diese Bank zum gemütlichen Verweilen ein.

Einladung zum Entspannen

Sitzplätze im Garten

↓ *Formschön, bequem und witterungsbeständig ist eine Sitzgarnitur aus Flechtwerk, das aus verschiedenen Materialien, beispielsweise Bambus, Peddigrohr oder Kunststoff, bestehen kann.*

↓ *Wer möchte nicht in dieser schaukelnden Hängematte Platz nehmen? Voraussetzung dafür sind nur zwei kräftige Bäume im richtigen Abstand. Die Bepflanzung entzieht den Müßiggänger neugierigen Blicken.*

↑ Erleben Sie Ihr „blaues Wunder im Grünen" und lassen Sie es sich gut gehen. Das blau gestrichene Holz und das einfache Mobiliar in Weiß und Blau vermitteln lebendige Farb- und Lichtkontraste. Es entsteht einerseits der Eindruck eines geschützten Raums, andererseits öffnen die umgebenden Kübel- und Kletterpflanzen den Blick in den Garten. So entsteht das Flair eines Wintergartens.

Der Kleingarten als Freizeitparadies und nahes Urlaubsziel gewinnt zunehmend an Bedeutung. Sitzplätze und Möglichkeiten zum Ausruhen sind mit einzuplanen. Nur ein einziger Platz genügt nicht allen Ansprüchen, die Terrasse – eventuell überdacht – in Verbindung mit der Laube bildet allerdings das Zentrum. Darüber hinaus sind ein bis zwei kleinere Sitzplätze – vielleicht eine Bank oder eine Hängematte – in verschiedenen Gartenecken sinnvoll. Je nach Laune, Tageszeit und Personenzahl kann man sich dann zurückziehen oder gemütlich zusammensetzen.

Möbel müssen handlich sein

Sitz- und Liegemöbel, auch Tische, müssen leicht transportabel und witterungsbeständig sein. Klappstühle aus Aluminium mit Nylon-, Polyester- bzw. PVC-Bespannung sind nicht nur leicht, sondern auch gut zu verstauen. Gartenmöbel aus Kunststoff sind preiswert und gut stapelbar. Eine Rundbank unterm Apfelbaum, eine Steinbank vor einer Kletterrose oder eine einfache Sitzkiste, die außerdem zusätzlichen Stauraum schafft, bieten Möglichkeiten, sich ein gemütliches Plätzchen zu schaffen.

Genießen Sie die Atmosphäre!

Die Umgebung eines Sitzplatzes sollte vor allem Sicht- und Sonnenschutz bieten, aber gleichzeitig auch Ausblicke in den Garten ermöglichen und sich in die Gestaltung einfügen. Wenn Laube, Möbel und Deko, Material und Stil eine Einheit bilden und dann noch Blumen, Kletter- oder Kübelpflanzen mit Gartendüften verzaubern, ist die Atmosphäre perfekt.

Gemüsebeet mit bunten Salaten und rankenden Erbsen. Zuckererbsen mit einer fleischigen Hülse sind am schmackhaftesten, wenn das Korn noch klein und weich ist.

Einfach & lecker

Pflegeleichte Gemüsearten

Gemüse ist der Inbegriff gesunden Essens – ein Genuss für Augen und Gaumen. Frisch und knackig aus dem Garten geerntet, ist es besonders inhaltsstoffreich. Gemüse ist ein kalorienarmes Essen. Eine reichliche Portion (250 g) enthält selten mehr als 100 kcal, dafür aber Vitamine (Provitamin A, Vitamin B, C, Folsäure), Mineralstoffe (Kalium, Calcium, Eisen, Magnesium) und bioaktive Substanzen (Carotinoide, Glucosinolate, Sulfide, Polyphenole).

Aussaat an Ort und Stelle

Beginnen Sie am besten mit Gemüsearten, die sich direkt ins Freiland aussäen lassen. Dazu zählen die verschiedensten Salate: Pflück- oder Schnittsalat, Rucola, Asiasalat, Kresse, Eichblattsalat lassen sich so, wie man sie für einen Salat braucht, blattweise abpflücken. Sie wachsen dann weiter. Etwa alle zehn Tage in kleinen Mengen ausgesät, hat man die ganze Saison über Salat. Ein paar Blüten von Kapuzinerkresse, Schnittlauch, Bärlauch oder Borretsch dazu, schon ist der gesunde Genuss fertig.
Kinder werden fasziniert sein, wenn auf einem Beet eine Reihe zarte Karotten, in der Mitte Zuckererbsen und in der zweiten Randreihe weiße und rote Radieschen wachsen. Sie lassen sich frisch als kleine Zwischenmahlzeit essen, Zuckererbsen und Karotten sind aber auch ein zartes warmes Gemüse.
Ein eigener Garten bietet außerdem die Möglichkeit alte, in Vergessenheit geratene Gemüsearten neu zu entdecken. Eiskraut und Neuseeländer Spinat wachsen mit etwas Bewässerung den ganzen Sommer über. Wachsbohnen, Pastinaken und Mangold lohnen ebenfalls einen Anbau.

Pflegeleichtes Gemüse

Gemüse, die wenig Arbeit machen, gut schmecken und den Bedarf an gesunden Inhaltsstoffen decken, lassen sich über das ganze Jahr im Garten frisch ernten. Dazu zählt sowohl Pflanz- als auch Saatgemüse.

- Zwiebeln *(Allium cepa)*
- Stiel-Mangold (*Beta vulgaris* var. *flavescens*)
- Kohlrabi (*Brassica oleracea* convar. *acephala* var. *gongylodes*)
- Grünkohl (*Brassica oleracea* convar. *acephala* var. *sabellica*)
- Brokkoli (*Brassica oleracea* convar. *botrytis* var. *italica*)
- Zucchini, Rondini (*Cucurbita pepo* var. *giromontiina*)
- Möhren/Karotten *(Daucus carota)*
- Pflück- und Schnittsalat *(Lactuca sativa)*
- Erbsen *(Pisum sativum)*
- Radies (*Raphanus sativus* var. *sativus*)
- Spinat (*Spinacia oleracea*)

↑ *Zuckerhut und Römischer Salat (vorn) sind Langtagpflanzen, die bei mehr als zwölf Stunden Licht pro Tag blühen. Ebenso wie Knollenfenchel (hinten) lassen sie sich aber gut im Frühjahr und Herbst anbauen.*

↓ *Blauer Kohlrabi, farbiger Stielmangold, Salat und Kräuter gemeinsam auf einem Beet sehen nicht nur attraktiv aus, sie vertragen sich auch gut miteinander und sind leicht zu pflegen.*

Anspruchloses Pflanzgemüse

Frühe Sorten von Kohlrabi, Brokkoli oder Salat werden Ende März oder Anfang April als Jungpflanzen gekauft und in den Garten gepflanzt. Damit kann man die Ernte schon auf Mai beziehungsweise Juni vorverlegen. Zucchini oder runde Rondini, im April in Töpfen vorgezogen und im Mai nach den Eisheiligen ausgepflanzt, tragen bis zum Frost zarte Früchte, die sich vielfältig in der Küche verwenden lassen. Man sollte aber ständig die jungen, schmackhaften Früchte ernten, sie schmecken intensiver als ältere Früchte. Außerdem wird so die Pflanze immer wieder zur Blütenbildung angeregt.
Im Sommer können dann auf die abgeernteten, frei werdenden Beete noch pflegeleichte Wintergemüse, zum Beispiel Grünkohl und Rosenkohl, gepflanzt werden.

Lampions sind einfach zu handhaben, können fast überall aufgehängt werden und verbreiten fröhliche Gemütlichkeit.

Spaß mit Familie, Freunden & Nachbarn

Feiern & Grillen im Garten

↓ *Erlebnis für Groß und Klein: Ein offenes Feuer übt auf Kinder eine magische Faszination aus und lädt zur Urform des Grillens ein. Einfacher als in diesem Fall geht es wohl nicht!*

Garten und Grillen gehören einfach zusammen! Der besondere Reiz geht vom offenen Feuer aus: Es verheißt kulinarische Leckerbissen, Wärme und Licht. Die Grillparty im Garten wird zum Mittelpunkt des Familien- und Freundeskreises. Die damit verbundene Atmosphäre bietet einen wunderbaren Ausgleich zum Stress des Alltags. Im Duft von selbst gegrilltem Fleisch, Fisch, Brot und Gemüse lässt es sich besonders gut feiern.

Dekoration nicht vergessen!

Zu dem entsprechenden Ambiente gehört selbstverständlich auch die passende Dekoration. Lampions, Windlichter, Fackeln und andere Lichtquellen sorgen für eine dezente Beleuchtung, Kübelpflanzen rahmen die Sitzplätze ein, Blumen und Blüten zieren den Tisch – der Fantasie sind keine Grenzen gesetzt.

Eine einfache Grillbar geht auch

Grills in jeder Variation werden im Fachhandel angeboten. Bewegliche, einfache Ausführungen sind zu bevorzugen. Zweckmäßig ist eine zeitweilige Grillbar. Diese kann aus zusammenklappbarem Mobiliar schnell und einfach eingerichtet werden und bietet Stell- und Arbeitsfläche. Praktische zusätzliche Helfer sind ein Tapeziertisch oder zwei Stehleitern bzw. Kisten, die je nach Bedarf mit entsprechend langen Brettern belegt werden.

Terrasse oder Rasenfläche können zum Mittelpunkt des Grillfestes werden. Und keine Angst vor zu vielen Gästen – nicht für jeden muss ein Sitzplatz vorhanden sein. Das fördert die Kontakte zwischen den Gästen. Da es etwas lauter und später als sonst werden könnte, ist es ratsam, die Gartennachbarn vorher zu informieren. Die beste Lösung ist, sie einfach einzuladen.

↑ *Eine einfache, zusammenklappbare Gartengarnitur ist schnell aufgebaut, wenn Gäste kommen und passt besonders gut zu einer Grillparty im Garten. Sie bedarf zur Aufbewahrung nur wenig Platz.*

↓ *Grillen gehört im Sommer einfach dazu! Die Glut eines offenen, frei stehenden Grills verbreitet die schönste Atmosphäre. Wenn schon ein fest stehender Grill, dann sollte er allerdings leicht demontierbar sein.*

Zu einem perfekten Frühlingsbild gehören Tulpen. Sie bringen Farbe in die noch etwas lückigen Staudenbeete.

Genießen Sie die ersten Frühlingsstrahlen mit Tulpen und Co

So fängt die Saison bunt an

Langsam erwacht die Natur aus ihrem Winterschlaf. Die Tage werden länger und wärmer. Zwiebelblumen sind die Ersten, die sich von den Sonnenstrahlen wach kitzeln lassen. Die Frühjahrsbilder, mit denen uns die Gärten ab März überraschen, sind der Dank für die im Garten geleistete Arbeit im letzten Jahr.

Zwiebelblüher im Frühjahr

Schneeglöckchen *(Galanthus elwesii)*, Märzenbecher *(Leucojum vernum)* und Strahlen-Anemonen *(Anemone blanda)* bilden den Auftakt für ein Blütenfestival, das bis in den Frühsommer andauert, wenn man durch eine gezielte Pflanzenauswahl die Blütezeiten staffelt. Zaubern Sie wunderschöne Frühlingsbilder mit Blausternen *(Scilla siberica)*, Narzissen (*Narcissus*), Traubenhyazinthen *(Muscaria armeniacum)*, Krokussen (*Crocus vernus* in Weiß und Violett, *C. chrysanthus* in Gelb), Hyazinthen (*Hyacinthus*-Sorten) und Netz-Schwertlilien *(Iris reticulata)* in den Garten.
Nicht fehlen dürfen natürlich die Klassiker im Frühlingsgarten – die Tulpen. Ihre Farben- und Formenvielfalt ist riesig. Auch mehrfarbige Sorten sowie gefüllte und gefranste Blüten gibt es im Sortiment. Beziehen Sie Stauden, früh blühende Gehölze oder einjährige Blumen, wie Stiefmütterchen oder Vergissmeinnicht, in die Gestaltung bunter Frühlingsbeete mit ein, das wirkt natürlicher.

Frühjahrsblühende Gehölze

Die Zaubernuss (*Hamamelis*) überrascht uns schon ab Januar mit ihren gelben bis roten Blüten. Im März kommen die leuchtend gelb blühenden Goldglöck-

↑ *Leuchtend rote Tulpen ziehen die Blicke jedes Betrachters auf sich. Wenn ihnen der Standort zusagt, sind sie sehr pflegeleicht. Nur auf Staunässe reagieren sie empfindlich.*

↑ *Die weiße oder gelbe Farbe der Narzissen stellt einen guten Kontrast zu anderen Blütenfarben dar. Narzissen lassen sich schön mit Blaustern* (Scilla), *Tulpen und Traubenhyazinthen* (Muscari) *kombinieren.*

↓ *Das Leberblümchen* (Hepatica) *ist eine bodendeckende Staude und erweckt mit seinen hellblauen Blüten schon sehr früh im Jahr sogar halbschattige oder schattige Gartenecken zu neuem Leben.*

chen (*Forsythia*) und Kornelkirschen (*Cornus mas*) dazu. Mit zarten rosafarbenen Blüten sorgen Zier-Kirschen (*Prunus*-Arten) für eine romantische Stimmung. Sehr anspruchslos ist die Zierquitte (*Chaenomeles*), die mit ihren rosa, weißen oder scharlachroten Blüten Farbe in eintönige Gärten bringt. Einige Arten des Schneeballs (*Viburnum*-Arten) – seine weißen kugeligen Blütenrispen gaben ihm den Namen – zeigen ihre zum Teil duftenden Blütenbälle ebenfalls im Frühling. Je nach Art und Sorte bevorzugen sie einen sonnigen oder halbschattigen Standort.
Mit der Ährigen Scheinhasel (*Corylopsis spicata*) holt man sich noch einen weiteren Frühlings- und Frühsommerblüher in den Garten. Die tiefroten Blattknospen des locker wachsenden Strauchs bilden im Mai einen entzückenden Kontrast zu den hellgelben Blütentrauben.

Für Kleinkinder ist die Terrasse vor dem Gartenhaus der ideale Platz zum Spielen im mobilen Sandkasten oder Planschbecken.

Sandkasten, Schaukel, Weiden-Tipi & Co

Ein Spielplatz für Kinder

Für Kinder ist der Garten ein wichtiger Ort, an dem sie ungestört spielen und zugleich viel entdecken können – rote Johannisbeeren, erste zarte Möhren und viele duftende Blüten.

Kleine Kinder

In Sicht- und Rufnähe der Eltern können kleine Kinder Erfahrung mit Materialien, Oberflächenstrukturen und Pflanzen sammeln. Hier im Kleingarten sind unorganisierte, aber kreative Spiele möglich.
Als Spielgrund ist Sand oder Rasen ideal. Ein kleiner Sandkasten auf Terrasse oder Rasen reicht bereits aus. Der Sand sollte formbar, also für Spielförmchen geeignet sein. Bei warmer Witterung kann man sogar ein Planschbecken aufstellen. In solch einer geschützten Umgebung können Kleinkinder nach Herzenslust krabbeln, schaufeln, kneten, formen, werfen, planschen, riechen und tasten. In der vertrauten Umgebung des Gartens zeigt sich, dass Spielen eine umfassende Tätigkeit ist. Dazu kommt ganz unbewusst das Wahrnehmen von Blüten, Blättern und Früchten des Gartens.
Allerdings ist Vorsicht bei giftigen Pflanzen geboten: Auf Goldregen (*Laburnum*), Seidelbast (*Daphne*), Eibe (*Taxus*), Fingerhut (*Digitalis*) und Maiglöckchen (*Convallaria*) sollte möglichst verzichtet werden.

Schulkinder

Bei Kindern von sechs bis zwölf Jahren steht das Bedürfnis nach Bewegungsspielen im Vordergrund. Spielbereiche für Abenteuerspiele lassen sich allerdings kaum in einem kleinen Schrebergarten realisieren, schon eher in den Gemeinschaftsanlagen des Kleingärtnervereins. Multifunktionale Klettergerüste sind pädagogisch wertvoll und ermöglichen es den Kindern, vieles auszuprobieren, wie klettern, balancieren, wippen, hangeln, schaukeln oder springen.

Selbst gebaut ist schon gespielt

Eigene Abenteuerspielbereiche sind ein besonderes Erlebnis, wenn man sie zusammen mit den Kindern baut. Ganz einfach lassen sich so beispielsweise Weiden-Tipis bauen: 2 bis 3 m lange Weidenruten schneiden (vor dem Austrieb, zwischen November und Februar), an einem sonnigen Platz mit der Schnittstelle nach unten einpflanzen und die Spitzen miteinander verbinden. Gut wässern, ein paar Wochen warten, neue Austriebe quer einflechten – fertig!

↑ *Ein Sandkasten mit formbarem Spielsand fördert das kreative Spiel jüngerer Kinder (bis etwa sechs Jahre). Spielgeräte und eine Bank dürfen natürlich nicht fehlen.*

↓ *Etwas ältere Kinder (sechs bis zwölf Jahre) können auf einem Spielplatz mit multifunktionalen Spielgeräten ausgelassen schaukeln, rutschen, toben und klettern.*

Die Himbeere (Rubus idaeus) *ist eine besonders köstliche „Naschfrucht". Die Früchte der Herbstsorten sind garantiert madenfrei.*

Fast das ganze Jahr eigenes Obst

Vitamine naschen

Der besondere Reiz, im Garten Obst anzubauen, besteht zweifellos im Naschen der reifen Früchte, das sind echte Gaumenfreuden. Unsere einheimischen Obstarten sind wichtige Vitaminspender, vor allem für Vitamin C. Neben den Vitaminen liefern die Früchte auch Mineralien und Ballaststoffe. Obwohl die Reifezeiten der einzelnen Obstarten und -sorten regional zum Teil große Unterschiede aufweisen, liefert ein Garten überall bei gut geplanter Arten- und Sortenwahl frisches Obst von Mai bis zum Frosteintritt.

Nutzen Sie die Sortenvielfalt

Die Frischobsternte beginnt mit den Erdbeeren im Mai/Juni und hält bis zum Einsetzen der Frostperiode im November (Lageräpfel) an. Da sich viele Apfelsorten, zum Beispiel Florina, Topaz, Ariwa, Rewena, sehr gut lagern lassen, ist eine Versorgung aus eigener Ernte bis zum Jahreswechsel möglich. Optimale Lagerbedingungen (perforierte Folienbeutel) sichern die Frischversorgung sogar bis in den April des nächsten Jahres.

Kleine Baumformen bei Kern- und Steinobst ermöglichen den Anbau einer größeren Sortenpalette und damit die Ausnutzung der verschiedenen Reifezeiten. Bei größeren Bäumen besteht die Möglichkeit, durch Veredlung mehrere Sorten von einem Baum zu ernten. Beerenobst hat generell geringere Platzansprüche, als Hecke gezogen werden diese noch weiter reduziert. Werden größere Obstmengen einer Sorte geerntet, kann man Sie an Freunde und Bekannte verschenken, die keinen Garten haben, oder die Früchte konservieren (Marmelade, Kompott). Allerdings bewirkt das Erhitzen Vitaminverluste.

↑ *Mit Zwetsche, Rundpflaume, Reneklode und Mirabelle umfasst die Obstart Pflaume* (Prunus domestica) *einen großen Formen- und Farbenreichtum mit vielen Geschmacksrichtungen.*

↓ *Die Früchte der Quitte* (Cydonia oblonga) *sind in rohem Zustand nicht genießbar, als Gelee und Marmelade verarbeitet aber eine Köstlichkeit. Es gibt apfelförmige und birnenförmige Sorten.*

↑ *Der Apfel* (Malus domestica) *tritt mit einem nahezu unüberschaubaren Sortenspektrum in Erscheinung. Von Ende Juli bis Ende Oktober kann geerntet werden. Zu bevorzugen sind Lokalsorten.*

↓ *Die Rote Johannisbeere* (Ribes rubrum) *ist eine anspruchslose Obstart. Sie schmeckt am besten bei voller Reife und sollte erst geerntet werden, wenn die ersten Beeren der Trauben zu schrumpfen beginnen.*

Stimmungsvolles Licht verbreiten diese modernen Petroleum-Leuchten, deren Flammen sich einem leichten Lüftchen beugen. Sie werden je nach Bedarf einfach in den Rasen oder ein Beet gesteckt.

Fackeln, Leuchten & Windlichter

Bringen Sie Licht ins Dunkel

Gartenleuchten sollen zurückhaltend sein, müssen aber Sitzplätze, Wege, Stufen und Hindernisse sichtbar machen. Das Licht sollte stets zum Boden hin abgegeben werden, damit man nicht geblendet wird. In zweiter Linie setzen sie als dekorative Beleuchtung Akzente, die das Besondere eines Gartens in der Dämmerung und bei Dunkelheit herausheben. Für einige Stunden wird der Garten damit zu einem besonderen Paradies, das ganz andere Eindrücke als am Tage vermittelt.

Richtige Installation

Im Garten dürfen nur Leuchten verwendet werden, die für den Außenbereich zugelassen sind (mindestens Schutzart IP43). Eine Dekorationsbeleuchtung erfordert immer gedämpftes Licht, soll stets vom Betrachter weg gerichtet sein und aus einer bodennahen Lichtquelle kommen. Was beleuchtet werden soll, liegt in der Hand des Betrachters, sofern mobile Leuchten genutzt werden: ein schöner Strauch, eine Pergola, eine bewachsene Wand oder ein Teich.

Natürliche Lichtquellen

Licht im Garten sollte etwas Besonderes sein und nicht unbedingt all das sichtbar machen, was uns ohnehin rund um die Uhr begleitet. Es ist möglich, ohne Elektrizität auszukommen, mithilfe von Laternen, Lampions, Fackeln oder Windlichtern. Eine Bevorzugung natürlicher Lichtquellen soll aber nicht heißen, elektrische auszuschließen. Der Sicherheitsaspekt darf nicht vernachlässigt werden. Alternativ kann auch Solartechnik genutzt werden.

↑ *Kleine Monde – vom Himmel geholt und dicht über der Erdoberfläche installiert. Diese dezenten Gartenlampen sind ausreichend hell, um den Weg und die angrenzenden Pflanzen sichtbar zu machen.*

↓ *Ebenerdig installierte Leuchtstoffröhren erzeugen ein kontrastreiches Lichtband. Die oberen Pflanzenteile verlieren sich bereits im Schatten der unteren.*

Tipp: Solarlampen – das Licht der Sonne speichern

Mit moderner Technik wird die Energie des Sonnenlichts gespeichert, das erzeugte Licht- und Schattenspiel wirkt jedoch ganz anders als direkter Sonnenschein. Der Vorzug dieser Technik besteht darin, dass sich hohe Mobilität mit absoluter Sicherheit verbindet und kein Versteckspiel bei Regenwetter notwendig ist. Der Standort lässt sich mühelos ändern und kann den jahreszeitlichen Veränderungen des Gartens folgen.

Eine Solarleuchte inmitten eines Pflanzenbestands sorgt für eine stimmungsvolle Beleuchtung.

Kräuter mit buntem oder panaschiertem Laub, wie goldgelber Thymian und Buntblatt-Salbei, entwickeln auf der Südseite eine besonders intensive Farbe.

Das ganz besondere Beet

Die Kräuterspirale

Ein Großteil der Kräuter hat seine Heimat im Mittelmeerraum und liebt ein warmes, sonniges, trockenes Klima. Mit einer Kräuterspirale entsteht ein dreidimensionales Beet, dass man mit der oberen Ebene zur Südseite ausrichtet. So wird nicht nur mehr Platz, sondern auch ein ideales Klima für wärmeliebende Arten geschaffen. Kräuter, die es kühler oder schattiger lieben, finden am Fuß und an der Nordseite der Spirale gute Bedingungen. Durch den Einbau eines kleinen Wasserbeckens am südlichen Rand der Kräuterspirale kann man die Vielfalt noch um feuchtigkeitsliebende Pflanzen erweitern.

So baut man eine Kräuterspirale

Auf einer Grundfläche von etwa 2 m² werden spiralförmig von außen nach innen Steine aufgeschichtet. Da auch in einer bewachsenen Spirale ab und zu Pflegearbeiten durchgeführt werden müssen, sollten alle Teile vom Rand aus gut erreichbar sein. Hat man mit Wühlmäusen und Maulwürfen zu kämpfen, wird die Grundfläche mit feinmaschigem Draht ausgelegt. In der Mitte der Spirale entsteht ein Steinhaufen, der Wasser ableitet und Wärme speichert. Der kontinuierlich ansteigende Zwischenraum wird im unteren Bereich mit einem Erde-Kompost-Gemisch gefüllt. Im oberen Bereich vermischt man dies zunehmend mit Sand und etwas Kalk.

Um den Pflanzen ausreichende Möglichkeiten zur Entwicklung zu geben, sollte die Fläche zwischen den Steinmauern 50 bis 60 cm breit sein. Mit weniger Platz kann die Spirale auch kleiner gebaut werden, dann sollten aber nur klein bleibende Kräuter gepflanzt werden.

↑ *In die Nischen zwischen den Feldsteinen kann man etwas Erde einbringen. Dort fühlen sich kleine Polsterpflanzen, wie Mauerpfeffer, Hauswurz und Thymian, wohl.*

↑ *Wenn nicht völlig winterharte Pflanzen, zum Beispiel Rosmarin, Heiligenkraut oder auch Einjährige, wie Basilikum, nachgepflanzt werden, sind niemals gleiche Arten an die gleiche Stelle zu setzen (Fruchtfolge).*

↓ *Nicht nur die Schnittlauchblätter lassen sich in der Küche verwenden. Kräuterblüten, die noch keine Samen entwickelt haben, sind für einen Salat oder eine Teemischung ebenso würzig und schmackhaft.*

Kräuter, Heilpflanzen und ...?

Die Pflanzen werden entsprechend den verschiedenen Bereichen ausgewählt. Im kleinen Teich fühlt sich Brunnenkresse oder Vietnamesischer Wasserfenchel wohl. Im unteren Bereich wachsen Kerbel, Zitronen-Melisse, Schnittlauch, Wilde Rauke und im etwas schattigen Bereich Borretsch und Blatt-Koriander. Für den mittleren Teil bietet sich eine Vielzahl von Kräutern an. Ausläuferbildende Pflanzen, wie Estragon und Minze, sollte man meiden. Ein interessantes Bild ergibt sich, wenn mit grünen, silber- und buntblättrigen Kräutern und blühenden Pflanzen experimentiert wird. Dazu eignen sich neben Basilikum und Oregano auch Currykraut, Eberraute, Ysop und Agastache. Oben und Richtung Süden, in den trockensten Bereichen, gedeihen alle Thymianarten, verschiedenfarbiger Salbei, Berg-Bohnenkraut und Rosmarin.

Wie schön es rankt und blüht

Vielseitige Kletterpflanzen

↑ *Die Duft-Wicke* (Lathyrus odoratus) *zaubert ein sommerlanges Farb- und Dufterlebnis in den Garten. Ausreichend ist bereits ein Tütchen Saatgut, das im Frühjahr an einem Rankgerüst ausgesät wird.*

Schling- und Kletterpflanzen zaubern mit ihrem Wuchs eine romantische Atmosphäre in jeden Garten. Sie beeindrucken mit ihren Blüten und bilden zudem einen Sichtschutz. Allerdings brauchen sie meist eine Kletterhilfe, wie eine Pergola, ein Spalier oder ein Rankgerüst. Auch ein einfacher Spanndraht, ein Zaun, ein Torbogen oder eine fantasiereiche Kletterpyramide können den Pflanzen auf dem Weg nach oben helfen. Mit einem einfachen Lattengerüst kann am Gartenhaus um den Sitzplatz herum eine berankte Gartenlaube entstehen.

Ausdauernde Kletterpflanzen

Es kommt auf die jeweilige Situation an, welche Pflanze die richtige Wahl ist: Für einen Sichtschutz möchte man stark wachsende Arten, wie üppige Kletterrosen, die Großblättrige Pfeifenwinde *(Aristolochia macrophylla)*, den Baumwürger *(Celastrus orbiculatus)* oder den mit essbaren Früchten besetzte Strahlengriffel *(Actinitia arguta)*.Für einen Zaun eignen sich gut verzweigende Pflanzen, zum Beispiel Waldreben (*Clematis*-Hybriden), für einen Torbogen schwach wachsende Kletterpflanzen – Geißblatt (*Lonicera henry* oder *Lonicera japonica* 'Aureoreticulata') – und für eine Pergola wird man auf locker rankende Arten zurückgreifen, beispielweise auf den gelben Winter-Jasmin *(Jasminum nudiflorum)*, die selbstklimmende Kletter-Hortensie *(Hydrangea anomala* subsp. *petiolaris)* die orange blühende Trompetenblume *(Campsis radicans)* oder widerstandsfähige Sorten der Weinrebe *(Vitis vinifera)*.

Einjährige Kletterpflanzen

Mit einjährigen Schling- und Kletterpflanzen lässt sich rasch ein wirkungsvoller Blütenflor erzielen. Neben der bekannten pflegeleichten Duft-Wicke *(Lathyrus odoratus)*, der blau-violetten Prunkwinde *(Ipomoea tricolor)*, der Schwarzäugigen Susanne *(Thunbergia alata)* und der Kapuzinerkresse *(Tropaeolum majus)* gibt es auch schöne, aber weniger bekannte Kletterpflanzen, wie hübsch blau-violett blühende Glockenreben *(Cobaea scandens)*, pflegeleichte rosa blühende Lablabbohnen *(Lablab purpureus)*, auffällige Purpur-Prunkwinden *(Ipomoea purpurea)* oder auch Malabarspinat *(Basella alba)*, Wachskürbis *(Benincasa hispida)* oder Sternwinden *(Ipomoea coccinea)*, die eventuell nur über Spezialgärtnereien zu beziehen sind.

↑ An einem Rankgerüst mit Spanndrähten lassen sich neben Schlingpflanzen auch einjährige Kletterpflanzen und Gemüse, besonders rankende Tomaten und Gewürzpflanzen, heranziehen.

↓ Kletterrosen sorgen am Gartentor, an der Pergola oder an der Hauswand für ein paradiesisches Gartenerlebnis. Pflanzen Sie möglichst robuste, öfterblühende und duftende Sorten.

Tipp: **Die schönsten Clematis-Sorten in allen Farben**

Die Waldrebe (*Clematis*-Arten und Sorten) gehört zu den beliebtesten Schlingpflanzen in den Gärten. Besonders die großblumigen Clematis-Hybriden sind begehrt, zum Beispiel 'Jackmanii' (violett), 'Niobe' (weinrot), 'Perle d'Azur' (himmelblau), 'Comtesse de Bouchaud' (rosa, siehe Bild) oder 'Mme. Le Courtre' (weiß). Überaus reich blühend ist die Anemonen-Waldrebe (*Clematis montana* var. *rubens*, siehe S. 110).

Hier darf genascht werden! Bei einer solchen Pracht läuft nicht nur dem Nachwuchs das Wasser im Mund zusammen.

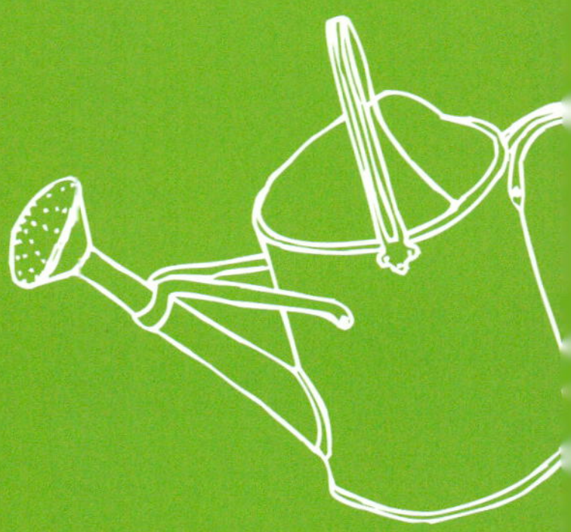

Kinder als Nachwuchsgärtner

Spaß am Gärtnern

↓ Früh übt sich – ein Junggärtner verteilt in einer vorgezogenen Saatrille Radieschen-Saatgut. Dann heißt es geduldig warten, bis sich die ersten Pflänzchen zeigen. Aber bei Radieschen geht es schnell!

Kinder machen am liebsten genau das, was die Erwachsenen auch tun. Im Kleingarten fallen darunter natürlich auch die üblichen Gartenarbeiten, wie Aussäen, Pflanzen, Gießen und Ernten. Belehrungen, was man im Garten darf oder nicht darf, helfen wenig. Kinder müssen die Möglichkeit bekommen, selbst zu arbeiten und selbst für ein Beet Verantwortung zu übernehmen. Dazu gehört dann im Zweifelsfall auch einmal, dass ein kleines Pflänzchen eingeht, weil es in seinen ersten Wochen zu wenig Wasser bekommen hat. Aber was gibt es am Ende Schöneres als seine ersten eigenen Erdbeeren zu ernten!

Das Kinder-Beet

Am besten bekommt jedes Kind ein eigenes kleines Beet, auf dem es selbst gärtnern, beobachten, auspro-

Die besten Kinderpflanzen

Obst, Gemüse & Kräuter

- Wald-Erdbeere (*Fragaria vesca*)
- Andenbeere *(Physalis edulis)*
- Kürbis *(Cucurbita maxima)*
- Cocktail-Tomate *(Lycopersicon esculentum)*
- Buschbohne *(Phaseolus vulgaris* var. *nanus)*
- Radieschen *(Raphanus sativus)*
- Zitronen-Melisse *(Melissa officinalis)*
- Bananen-Minze (*Mentha arvensis* 'Banana')
- Süßdolde *(Myrrhis odorata)*
- Sauerampfer *(Rumex acetosa)*

Blumen

- Schokoladenblume *(Berlandiera lyrata)*
- Ringelblume *(Calendula officinalis)*
- Gummibärchenblume® *(Cephalophora aromatica)*
- Sonnenblume *(Helianthus annuus)*
- Vergissmeinnicht (*Myosotis*-Hybriden)

bieren, pflegen und natürlich naschen darf. Bei der Auswahl eines Beetes sind die folgenden Gesichtspunkte zu berücksichtigen. Die Größe des Beetes sollte überschaubar bleiben, 2 m² reichen aus. Beim Gärtnern der Kinder ist auf Selbstständigkeit zu achten, aber die Aufsichtspflicht darf trotzdem nicht unterschätzt werden. Das Beet sollte daher immer im Blickfeld eines Erwachsenen liegen und auch von der Sitzecke des Gartens eingesehen werden können. So können auch Gäste auf das Beet aufmerksam werden und ihre Anerkennung aussprechen. Bei der Pflanzenauswahl sollte auf eine vielfältige Mischung aus pflegeleichten Obst-, Gemüse- und Zierpflanzen geachtet werden, auch Kräuter sind geeignet.
Neben einer raschen Keimdauer sind Robustheit, besonderer Wuchs oder Duft sowie schnelle Blüh- und Ernteerfolge die wichtigsten Auswahlkriterien.

↑ *Im Frühling erfreuen sich die Kinder an den schnell wachsenden Pflanzen, im Sommer an den großen schönen Blüten und im Herbst dienen die reifen Samen der Sonnenblume als Vogelfutter.*

↓ *Auch gießen will gelernt sein, am besten geht das natürlich mit einer eigenen kleinen Gießkanne. Hier löscht der Gärtnernachwuchs den Durst der Frühlingsblumen.*

Gelbe Rudbeckien (Rudbeckia hirta), *dunkelrotes Löwenmaul* (Antirrhinum majus) *und blauvioletter Zier-Salbei* (Salvia-*Arten*)*bestimmen den Farbkontrast in diesem fröhlichen Sommerblumenbeet.*

Die schönsten Sommerblumen

Bunt und üppig

Mit Sommerblumen verbindet man Wärme, Sonne und Farbenpracht. Dank ihrer verschiedenen Blütenformen und -farben finden sie überall Verwendung.

Vielseitig einsetzbar

Mit Sommerblumen können reine Sommerblumenbeete gestaltet oder auch Staudenrabatten ergänzt werden – so lässt sich sowohl das Farbspektrum als auch die Gesamtblütezeit der Staudenbepflanzung erweitern. Das Gleiche gilt für Frühlingsbeete mit Zwiebelblumen: Erste Lücken im Beet können mit Sommerblumen gefüllt werden.
Darüber hinaus sind viele von ihnen auch dankbare Schnittblumen – holen Sie sich einfach mit Zinnien, Sommerastern, Jungfern im Grünen und einjährigem Sonnenhut den Sommer in die Wohnung!

Ein- oder zweijährig?

Die meisten Sommerblumen zählen zu den Einjährigen (z. B. Löwenmaul, Zinnie, Sommeraster) und durchlaufen ihre gesamte Entwicklung innerhalb eines Sommers. Robuste Schnellkeimer, wie Ringelblume, Sonnenblume und Schleierkraut, können im Frühjahr direkt an Ort und Stelle ausgesät werden. Eine Vorkultur im Haus ist bei empfindlicheren Sommerblumen, wie Löwenmaul und Spinnenblumen, die bessere Wahl. Ein weiterer Vorteil ist, dass die vorgezogenen Pflanzen schneller zur Blüte kommen. Zweijährige Pflanzen, wie Tausendschön, Bart-Nelke und Marien-Glockenblume, benötigen zwei Vegetationsperioden für eine volle Entwicklung. Zur Blüte und Samenbildung kommen die Pflanzen erst im zweiten Jahr, nach Frosteinfluss. Bei ihnen bietet sich eine Direktaussaat im Sommer oder Herbst an.

↑ *Die einjährigen weißen Schmuckkörbchen, rosa Löwenmäulchen und gelben Mädchenaugen (vorn) ergänzen eine Stauden-Pflanzung aus weißen Margeriten (links), blauem Rittersporn (Mitte) und rosafarbenen Phlox (rechts).*

↓ *Das Löwenmaul* (Antirrhinum majus) *ist wegen seiner Blütenform und Farbenvielfalt eine viel geliebte Sommerblume. Entsprechend ihrer unterschiedlichen Wuchshöhen eignen sie sich sehr gut für die Rabattengestaltung (hier zusammen mit Ringelblumen).*

Tipp: **Exoten für den Kleingarten**

Viele exotische Pflanzen, die aus wärmeren Gebieten kommen, wie Fuchsien (*Fuchsia*-Hybriden, siehe Bild) und Pelargonienarten *(Pelargonium zonale* und *P. peltatum)*, sind an sich mehrjährig. Aufgrund ihrer geringen Winterhärte werden sie bei uns aber nur einjährig gehalten. Unter ihnen befinden sich wunderbare Dauerblüher, die von Mai bis zum Frosteintritt unsere Gärten bereichern und sich als Topfpflanzen, Rabattenpflanzen und Farbgeber in Pflanzgefäßen eignen.

Willkommen im Topfgarten: Egal ob Frühlings- oder Sommerblumen, Balkonpflanzen, Stauden oder Rosen, im Kübel machen fast alle eine gute Figur. Unterschiedliche Gefäße erhöhen ihren dekorativen Wert.

Ein bisschen Schmuck muss sein

Kübelpflanzen, Rosenkugeln & Co

Jeder wünscht sich einen dekorativen, flexibel zu gestaltenden Garten. Durch die Verwendung von Kübelpflanzen und Deko-Elementen, wie Rosenkugeln, Windspielen und Skulpturen, wird dies möglich.

Mal hier, mal dort – Kübelpflanzen

Genauso wie Deko-Figuren können Kübelpflanzen immer wieder anders platziert werden, an der Terrasse, am Weg oder auf dem Rasen. Da es sich in der Regel um exotische Pflanzen handelt, brauchen sie eine artbezogene Überwinterung. Engelstrompete *(Brugmansia)*, Gewürzrinde *(Senna corymbosa)*, Hammerstrauch *(Cestrum elegans)*, Kartoffelstrauch *(Lycianthes rantonnetii)*, Palmlilie *(Yucca aloifolia)* und Zitrusarten vertragen keinen Frost. Sie sollten bei 5 bis 10 °C überwintert werden. Gut geschützt vertragen Bleiwurz

↑ *Dem Einsatz mobiler Kübelpflanzen, Figuren und Windspiele sind keine Grenzen gesetzt. Sie können immer wieder umgestellt werden und neue Blickpunkte im Garten setzen.*

↑ *Ein wunderschöner Kontrast: Die bläulichen Rosenkugeln haben genau die richtige Größe, Höhe und Anordnung, um markante Farbtupfer ins rosa Sommerblütenbeet zu bringen.*

(Plumbago auriculata) und Oleander *(Nerium oleander)* kurzfristig bis –5 °C und Kreppmyrte *(Lagerstroemia indica)*, Lorbeerbaum *(Laurus nobilis)* und Orangenblume *(Choisya ternata)* sogar bis –10 °C.

Pflanzgefäße und Substrat

Die dekorative Form eines Gefäßes ist Geschmacksache, es sollte aber einige Bedingungen erfüllen. Der Kübel muss ausreichend Platz für die Entwicklung der Wurzeln bieten und Wasserabflusslöcher besitzen. Achten Sie auf lichtstabile, möglichst frostfeste Materialien, die sich nicht schnell aufheizen. Das Substrat sollte eine gute Wasseraufnahme gewährleisten, leicht krümelig sein sowie ausreichend Nährstoffe liefern und speichern. Darüber hinaus sollte es strukturstabil, verrottungsfest und frei von Krankheiten, Schädlingen und Unkräutern sein. Aus eigenem Kompost, Gartenerde und Sand (zu gleichen Teilen gemischt) lässt sich Kübelpflanzenerde auch selbst herstellen.

Pflanzenpflege

Die Blätter der Pflanzen weisen bereits auf ihre Standort- und Pflegeansprüche hin. Kleine Blätter (z. B. Hornklee, Rosmarin) haben nur wenig Verdunstungsfläche, die Pflanzen vertragen einen sonnigen Standort und keine Staunässe. Große Blätter (z. B. Engelstrompete) haben einen hohen Wasserverbrauch. Pflanzen mit ledrigen (z. B. Zitruspflanzen, Lorbeer) oder fleischigen Blättern (z. B. Agave, Portulak), kommen gut mit Trockenheit zurecht. Pflanzen mit zarten Blättern (z. B. Fleißige Lieschen, Fuchsien), wollen nicht in der direkten Sonne stehen.

Wer kann einer solchen Geburtstagstorte widerstehen? Am besten schmeckt es, wenn man die Erdbeeren und Heidelbeeren selbst gepflückt hat.

Vom Kindergeburtstag bis zum Vereinsfest

Kinderfeste im Schrebergarten

Wenn Kinder ihren Geburtstag im Garten feiern, dann ist das ein besonderes Erlebnis: Draußen ist einfach mehr Platz zum Rennen, Spielen und Toben. Mit viel Fantasie sollten Eltern und Kinder gemeinsam das Fest planen – ein kleines Programm sollte bestehen, der Garten will geschmückt und der Essplatz für die kleinen Gäste entsprechend ausgerüstet sein. Dazu gehört strapazierfähiges Mobiliar, wie eine Biergarten-Garnitur. Oder warum nicht einfach eine bunte Tischdecke auf dem Rasen ausbreiten? Es muss auf alle Fälle einfach und praktisch zugehen.

Kinderspiele – wer gewinnt?

Neben ausreichenden Leckereien, wie Kuchen, Limonade oder Eis, ist auch für Unterhaltung zu sorgen. Zweifellos sind im Garten vor allem Spiele gefragt, die in einer Wohnung nicht durchführbar sind, wie Schuh-Boccia, Kartoffel- oder Eierlauf, Luftballonhaschen, Büchsenwerfen oder Torwandschießen. Viel Spaß macht auch eine Schatzsuche. Die Kinder werden mit Sicherheit auch eigene Ideen haben. Bei größeren Kindern bietet auch ein Gartenquiz lehrreiche Unterhaltung. Flora und Fauna des Gartens und seiner Umgebung liefern dafür ausreichende Möglichkeiten. Siegerurkunden und Preise sorgen natürlich bei alldem für den entsprechenden Anreiz.

Achtung Übermut!

Bei aller Freiheit und Ungezwungenheit der spielenden Rasselbande ist für eine elterliche Aufsicht zu sorgen. Ansonsten besteht die Gefahr, dass man am Ende seinen Garten nicht mehr wiedererkennt.

Auch Tiere können ausgezeichnet zur Unterhaltung einer Kinder-
nde beitragen. Hier zeigt eine Ziege zur Belustigung aller Anwesen-
n im Schatten eines Apfelbaums ihre Kunststücke.

Schon eine Rasenfläche in einem Kleingarten, umgeben von Obst-
iumen und Gemüsebeeten, bietet ganz offensichtlich genügend Platz
r Frohsinn. Hier kann gespielt und gefeiert werden.

Tipp: **Vereinskinderfest – ein Fest für alle Kinder**

Schrebergärten gehen auf die Idee des Kinderarztes Dr. Schreber zurück, einen öffentlichen Kinderspielplatz einzurichten. Auch gegenwärtig gehört ein Kinderfest für die meisten Vereine zum Gartensommer. Auf dem festlich geschmückten Vereinsplatz gibt es dann Gesellschaftsspiele, sportliche Wettkämpfe, ein Gartenquiz oder einen Mal- und Fotowettbewerb. Grillparty und Lampionumzug sind die Höhepunkte des Abends.

Vielfalt für den Schrebergarten

Gehölze setzen Akzente

↑ *Ein Garten ist für die Menschen ein Paradies auf Zeit, ein individuell gestalteter Wohnraum im Freien, der nach eigenen Vorstellungen geformt werden kann. Den Rahmen eines Gartens bilden die Gehölze.*

↓ *Hortensien liegen derzeit voll im Garten-Trend. Ihre vielfältigen Sorten in Weiß, Rosa, Rot und Blau sind eine Bereicherung für jeden Kleingarten, besonders für halbschattige Standorte.*

Für einen Kleingarten sind zwar eher Obstbäume und Beerensträucher charakteristisch, aber auch Ziergehölze dürfen nicht fehlen, denn sie liefern das Gerüst für den Garten. Bei der Wahl der Pflanzen spielen neben der Größe auch Blüheffekte, auffallende Früchte oder bizarre Wuchsformen eine Rolle.

Blütengehölze

In Eingangsnähe oder an der Terrasse kommen Blütengehölze am besten zur Geltung. Aus Platzgründen können zwar keine großen Bäume gesetzt werden, wohl aber kleinere Solitärgehölze. Bereits ab Januar blühen Winter-Jasmin *(Jasminum nudiflorum)* und Zaubernuss *(Hamamelis japonica)*, im März folgen Scheinhasel *(Corylopsis pauciflora)* und Katsurabaum *(Cercidiphyllum japonicum)*. Ab Ende April blühen erste Zier-Äpfel *(Malus)*, Forsythien *(Forsythia* x *intermedia)* und Zier-Kirschen (*Prunus*). Und im Mai startet dann ein Blütenreigen von Blumen-Hartriegel *(Cornus florida)*, Strauch-Päonie *(Paeonia suffruticosa)*, Flieder (*Syringa*) und Fingerstrauch *(Potentilla fruticosa)*. Ab Juni ergänzen die prächtigen Edel- und Strauchrosen das Bild und weitere Blütengehölze, wie Schmetterlingsstrauch *(Buddleja davidii)*, Eibisch *(Hibiscus)* und Hortensien (*Hydrangea*) kommen dazu.

Herbstschmuck

Im Spätsommer und Herbst tragen viele Gehölze attraktiv gefärbtes Laub (z. B. japanische Ahornarten) oder auffallende Früchte. Neben Holunderbeeren, Hagebutten und Apfelbeeren können wir uns auch am Schmuck von Mispeln und Zier-Äpfeln erfreuen.

↑ *Wie eine Sehnsucht nach Harmonie und Gartenglück – das reine, edle Weiß des Zier-Apfelbaums ist eine harmonische Kombination zu dem frischen Blau des kleinen Gartenhauses.*

Empfehlenswerte frostharte Ziergehölze für den Kleingarten

DEUTSCHER NAME BOTANISCHER NAME	HÖHE IN M BREITE IN M	ZIERWERT	PFLEGE-TIPPS
Maiblumenstrauch *Deutzia gacilis*	0,6–0,8 0,6–0,8 (im Alter auch breiter)	reich blühend, weiße, glockenförmige Blüten von Mai bis Juni	gleichmäßig feuchter Boden, kaum Pflege notwendig
Zaubernuss *Hamamelis japonica, H.* x *intermedia*	3–4 2–3	dekorative gelbe Blüten ab Januar	kaum Pflege notwendig
Rispen-Hortensie *Hydrangea paniculata*	1,5–3 1,5–3	große cremeweiße Blütenrispen im Spätsommer	sonnig/halbschattig, Boden nährstoffreich
Berglorbeer, Lorbeerrose *Kalmia latifolia*	1,5–2 1,5–2	immergrün, dekorativ, rosa Blütendolden von Mai bis Juni	humoser saurer Boden, feucht, Wind- und Sonnenschutz
Stern-Magnolie *Magnolia stellata*	2–3 2–3	sternförmige weiße Blüten im April, duftend	sonniger Stand
Zier-Apfel *Malus sargentii*	2–3 2–3	reich blühend in Weiß, leicht überhängend	leicht schorfanfällig
Duft-Flieder *Syringa meyeri* 'Palibin'	1–1,5 1–1,5	hellrosa bis lila Blütenrispen mit angenehmem Duft von Mai bis Juni	schwach saurer Boden, für Stadtklima geeignet
Koreanischer Schneeball *Viburnum carlesii*	1–1,5 1–1,5	weiße bis hellrosa Blüten von April bis Mai, süßer Duft, bizarre Form	bei Trockenheit wässern

Kräuter und Blumen,
die die Nase verführen

Dufterlebnis Garten

↑ *Die historische Bauerngarten-Rose* (Rosa centifolia) *kann einen Garten vervollkommnen. Die gefüllten Blüten verströmen den ganzen Sommer lang einen berauschenden intensiven Duft.*

↓ *Ein Kräuterbeet mit Duft- und Aromapflanzen bereichert den Garten: Lavendel (hinten links), Currykraut (Mitte), Rosmarin (rechts), verschiedene Salbei-Arten und im Vordergrund niedriger Dost und Thymian.*

Duft- und Aromapflanzen, die Boten himmlischer Düfte, bereichern jeden Garten. Es sind die ätherischen Öle von Lavendel, Thymian, Phlox und Co, die sich ausbreiten und zum erlebnisreichen Gartenleben beitragen. Duftpflanzen verströmen ihre ätherischen Öle von alleine, Aromapflanzen muss man erst berühren, um das Aroma wahrzunehmen.

Der richtige Platz im Garten

Im Garten sollten Duft- und Aromapflanzen dicht an den Wegrändern und Sitzplätzen gepflanzt werden, sodass wir die bezaubernden Düfte im Vorbeigehen oder beim gemütlichen Entspannen wahrnehmen und uns daran erfreuen können. Für Duft- und Aromapflanzen ist ein sonniger Standort mit durchlässigem, durchaus nährstoffarmem Boden zu empfehlen.

Die Qual der Wahl

Die Auswahl an Pflanzen ist groß! Zu den Duftgehölzen zählen Flieder, Schneeball, Rosen, Pfeifenstrauch und Jasmin. Bei den duftenden Stauden sind Akelei, Taglilie, Lavendel, Lilien, Maiglöckchen, Katzenminze, Pfingstrose, Phlox, Pfefferminze, Quendel, Salbei, Thymian und Veilchen zu empfehlen. Nur einen Sommer verströmen Einjährige, wie Wicke und Kapuzinerkresse, ihr Aroma.
Auch Gewürzpflanzen und Heilkräuter in Terrakotta-Kübeln können den Wohnwert auf der Terrasse erhöhen. Und dann gibt es einzelne Pflanzen, die bis in die Nachtstunden ihr Aroma verströmen und uns zum Verweilen auf der Terrasse einladen: *Philadelphus* 'Virginal', Phlox-Arten, der berauschende, aber giftige Stechapfel *(Datura stramonium)* sowie blühende Zitronen- und Orangenbäumchen als Kübelpflanzen.

↑ *Auf einer blauen Sitzbank inmitten von duftenden Stauden und Kübelpflanzen entfaltet sich das ersehnte Gartenglück voll Harmonie und Lebensenergie.*

↓ *Die faszinierende Heil-, Gewürz- und Duftpflanze Lavendel* (Lavandula angustifolia) *mit ihrem unverwechselbaren Aroma möchte im Garten sonnige Standorte und möglichst trockene kalkhaltige Böden.*

Dieser kompakte Apfelbaum („Ballerina") wird nur 30 cm breit und 2 bis 2,50 m hoch. Leicht lässt sich daraus auch eine Obsthecke bilden. Ein Rückschnitt entfällt.

Wenig Platz? Kein Problem!

Obst auf kleiner Fläche

↓ *Schwachwüchsige Bäume brauchen ein Gerüst. Ein Drahtspalier sichert hier die Standfestigkeit der Apfel-Spindelbüsche. Auf einen strengen Fruchtholzschnitt wurde verzichtet.*

Oft möchte man von allem etwas in seinem Kleingarten haben: Gemüse und Obst, Blumen, Rasen, Platz zum Ausruhen und eng soll alles zusammen auch nicht wirken. Gut, dass es so viele Obstarten und -sorten gibt, die klein oder schmal bleiben und gut im Kübel wachsen oder als Hecke erzogen werden können.

Die Spindel liegt im Trend

Schwach bis mittelstark wachsende Obstbäume sind kleinkronig und werden bei entsprechendem Schnitt nur 2,50 m hoch. Pflege- und Erntearbeiten können ohne Leiter erfolgen. Bei Apfel, Birne, Pflaume und Kirsche lassen sich aus Spindelbäumen Rundkronen, aber auch leicht erziehbare Längskronen formen. In allen Fällen sind Baumpfähle oder ein tragfähiges Gerüst zur Unterstützung der Standfestigkeit nötig.

Bei Hecken und Spalieren müssen Triebe außerdem in eine mehr oder weniger horizontale Lage gebunden werden. Diese Maßnahme wirkt als Wachstumsbremse und dient der Fruchtbildung.
Spalierobst kann auch die Laubenwand begrünen. Hier werden vorzugsweise Wärme liebende Obstarten, wie Birne, Sauerkirsche, Aprikose, Pfirsich und Nektarinen, gepflanzt.

Züchtungswunder „Ballerina"

Ganz schmale, säulenförmige Apfelbäume sind unter dem Namen „Ballerina" bekannt geworden. Mittlerweile ist die zweite Generation mit verbesserten Merkmalen erhältlich. Inzwischen gibt es diese Form auch bei Birne, Süß- und Sauerkirsche und Zwetsche.
Mit einem Pflanzabstand von 60 cm in der Reihe entsteht leicht eine dekorative „Ballerina"-Hecke.
Die Kleinwüchsigkeit der Obstbäume wird erreicht, indem die eigentliche Sorte auf einen speziellen Wurzelkörper, die sogenannte Unterlage, aufveredelt wird. Diese bewirkt neben der Schwachwüchsigkeit auch einen frühzeitig einsetzenden Ertrag und größere, besser ausgefärbte Früchte. Sie vermindert andererseits aber die Lebensdauer und Standfestigkeit der Bäume und erhöht ihre Pflegeansprüche. Die Entscheidung für kleine Baumformen muss deshalb gut überlegt sein. Ein Viertel- oder Halbstamm ist robuster und spendet außerdem Schatten.

Formenreiches Beerenobst

Johannis- und Stachelbeerbüsche benötigen nur eine relativ kleine Fläche, noch sparsamer sind Hochstämmchen. Für Himbeere, Brombeere, Johannisbeere und Wein ist auch die Heckenform geeignet, für Stachelbeere eher nicht.

↑ *Ein geordnetes Brombeerspalier zeichnet sich dadurch aus, dass die einjährigen Triebe von den zweijährigen Fruchtruten getrennt werden. Die Früchte werden so voll besonnt und das Ernten wird erleichtert.*

↓ *Die Fruchtäste dieses mehrjährigen Apfelspaliers wurden an einem stabilen Gerüst horizontal erzogen und befestigt. Die zweidimensionale Krone liefert Früchte und bildet eine schöne Abgrenzung.*

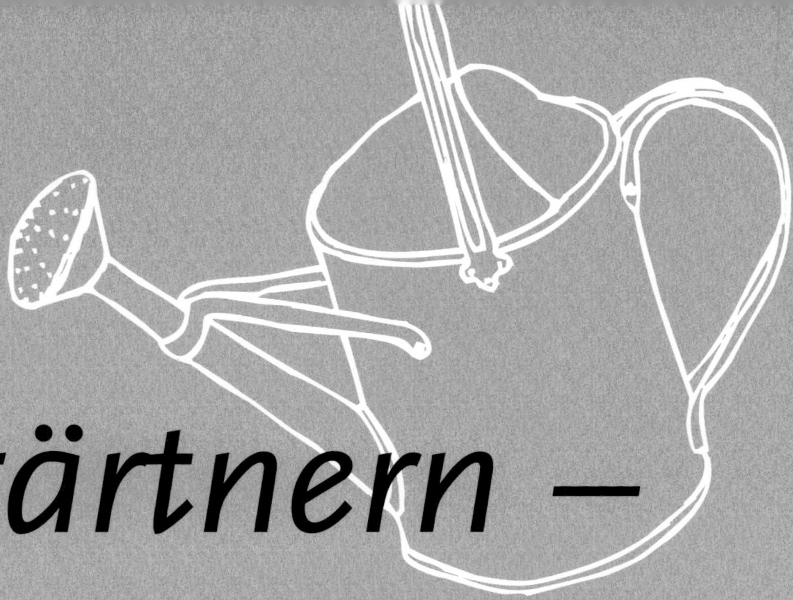

Schrebergärtnern – so geht's

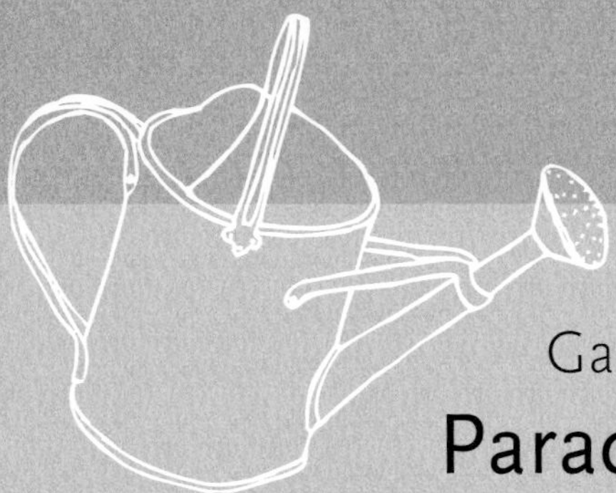

Ganz von alleine wird auch ein Kleingarten nicht zu einem **Paradies** – gut, dass Schrebergärtnern **Spaß** macht, wenn man weiß, wie's richtig geht! Haben Sie sich nicht schon immer gefragt, warum ein guter Gartenboden so wichtig ist, wie Sie Ihre **Pflanzen** vermehren können, was es mit dem schwarzen Gold des Gartens, dem Kompost, auf sich hat und was Ihre Pflanzen brauchen, um prächtig wachsen und blühen zu können? Wir geben Ihnen die Antworten und dann kann es losgehen!

Gartenhelfer und Geräte

Bei der Vielzahl der im Handel angebotenen Gartengeräte ist es schwer, die richtige Auswahl zu treffen. Eine Grundausstattung muss die Ausführung der wichtigsten Arbeiten sichern. Für die Bodenbearbeitung werden unbedingt Spaten und Hacke benötigt. Geräte aus Edelstahl erleichtern die Arbeit.
Scheren und Sägen für den Schnitt von Gehölzen aller Art gehören ebenfalls zur Grundausstattung. Für den Transport von Pflanzen, Schnitt- und Erntegut sind Schubkarre, Eimer und Körbe unumgänglich; eine faltbare Schubkarre spart Platz.

↓ *Für die Feinarbeit, wie Bepflanzen von Töpfen und Kübeln, oder für die Pflege von dicht bewachsenen Staudenrabatten benötigt man Spaten, Rechen, Grubber, Schaufel und Besen in kleiner Ausführung.*

Wasser marsch!

Gießkanne und Schlauch mit einer entsprechenden Brause ermöglichen eine gezielte Bewässerung. Sprühdüsen oder Sprühschlauch ermöglichen eine gute Lokalisierung der Wassergabe, am genauesten gewährleistet dies eine Tropfenbewässerungsanlage. Regner arbeiten zu großflächig und versorgen deshalb manche Gartenteile unnötig mit Wasser, am ehesten sind verstellbare Sektoren- oder Viereckregner geeignet. Für Kübelpflanzen sind Pflanzgefäße mit Wasservorratsspeicher zu empfehlen. Ein Regenmesser zur Erfassung der natürlichen Niederschlagsmenge gehört ebenfalls zur Standardausrüstung. Indem man die Menge des natürlichen Niederschlags bei den Zusatzwassergaben berücksichtigt, kann viel Wasser gespart werden.

Vorbeugen und bekämpfen

Handdruckspritze und Sprühdose ermöglichen eine gezielte Bekämpfung von Schädlingen und Krankheiten. Zu bevorzugen ist allerdings der Einsatz von Schutzgittern, Schutznetzen und Kunststofffolien als erprobte Maßnahmen des mechanischen Pflanzenschutzes.

Rasenpflege leicht gemacht

Ein elektrischer Sichelrasenmäher, Rasentrimmer, Vertikutierroller und Kantenstecher sichern einen gepflegten Rasen.

↑ Grundsortiment (von links nach rechts): Rasenmäher, Gartenschlauch mit Handbrause, Gießkanne, Astsäge, Heckenschere, Grabegabel, Handspaten, Rechen, Grubber, Schaufel, Spaten, Hacken in zwei Breiten, Reisigbesen, Fächerrechen und Schubkarre. Empfehlenswert ist ein Elektrorasenmäher – er ist preiswerter, leiser, einfacher in der Bedienung und weniger störanfällig.

Und sonst?

Darüber hinaus leisten Erdsieb, Leiter, Besen und Verbrauchsmaterialien (Draht, Bindegarn, Nägel, Stäbe, Stangen) gute Dienste. Zweckmäßig ist die Zusammenstellung einer Bedarfsliste zu Beginn des Gartenjahres. Bei der Auswahl von Baumscheren sind solche mit auswechselbaren Klingen und Griffen zu bevorzugen. Eine zweischneidige Schere mit zwei geschliffenen Klingen ist der einschneidigen vorzuziehen. Man muss nicht alles selbst kaufen. Teure oder selten benötigte Geräte können Sie auch von Gartennachbarn leihen oder in Gartencentern und Baumärkten beziehungsweise unter *www.erento.com* mieten.

Tipp: **Damit beim Schneiden alles glatt geht!**

Scharfe Schnittwerkzeuge sorgen für möglichst glatte Schnittflächen – als Voraussetzung für gute Wundverheilung. Das drehbare Sägeblatt der Bügelsäge ermöglicht die Anpassung an alle Astwinkel und sichert stets die richtige Schnittführung. Eine Hippe dient zum Glätten der unsauberen Wundränder von Sägeschnitten. Eine Astschere ermöglicht Schnitte an höher gelegenen Stellen ohne Leiter.

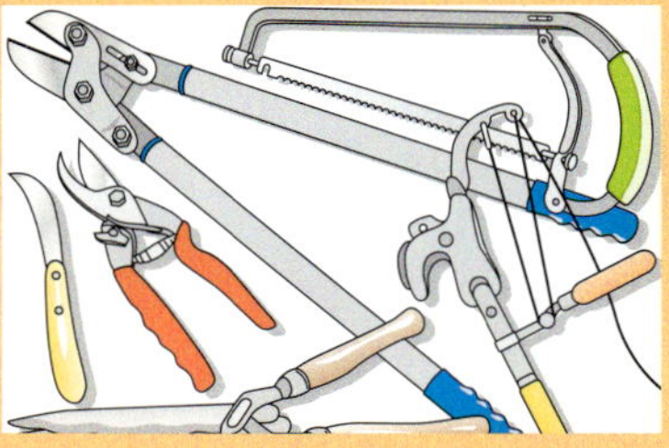

Der richtige Standort

Die natürlichen Gegebenheiten eines Gartens – Standort, Licht, Kleinklima – bestimmen das Pflanzenwachstum. Jede Pflanzenart hat ihre eigenen Ansprüche für ein gutes Gedeihen. Manchmal unterscheiden sich sogar einzelne Sorten einer Pflanzenart in ihren Bedürfnissen.

Zur Garten- und Anbauplanung gehört deshalb, dass man sich über die Standortfaktoren des eigenen Gartens und über die Ansprüche der gewünschten Pflanzen informiert. Zu den wichtigsten Standortfaktoren zählen Boden (Bodenart, Wasserhaushalt, Nährstoffgehalt), Klima und Witterung (Niederschläge, Temperatur im Jahresverlauf, Auftreten von Früh- und Spätfrösten, Wind) und die Lage des Grundstücks (Geländegestaltung, Höhenlage über Meereshöhe). Die Lichtverhältnisse eines Standortes nehmen eine Sonderstellung ein, weil der Mensch sie maßgeblich beeinflusst (Gebäude, Gehölzbestand).

Standorterkundung

Am einfachsten informiert man sich über die Standortfaktoren mit einem Gang durch die Kleingartenanlage. Am vorhandenen Pflanzenbestand der Gärten kann man erkennen, welche Arten hier besonders gut gedeihen. Gespräche über den Gartenzaun werden weitere, unschätzbare und genauere Kenntnisse, auch

↑ *Beispielhafte Mischkultur: Verschiedene Kohlarten und Lauch, begleitet von Stiefmütterchen, Ringelblumen und Herbst-Astern im Hintergrund. Und alle scheinen sich in der Sonne wohl zu fühlen.*

über geeignete Sorten, vermitteln. Zusätzlich ist ein Betrachten der Wildpflanzen in der Umgebung hilfreich. Aus dem Vorkommen bestimmter Pflanzen lassen sich Rückschlüsse auf die Bodenverhältnisse ziehen. Brennnessel und Kletten-Labkraut wachsen auf stickstoffreichen Böden, Mauerpfeffer und Wilde Möhre findet man auf stickstoffarmen Böden. Hundskamille und Acker-Minze weisen auf einen sauren Boden (niedriger pH-Wert) hin, Luzerne, Acker-Stiefmütterchen und Vogelmiere eher auf einen alkalischen (hoher pH-Wert). Auf Sandboden wachsen gerne Vogelmiere und Königskerze, auf verdichteten Böden eher Breit-Wegerich und Quecke.

Die eigene Anbauplanung

Jeder Versuch, die Standortansprüche zu ignorieren und die Pflanzen an ungeeignete Plätze zu setzen, führt leider zu Enttäuschungen. In der Regel werden die Pflanzen kümmern oder schlimmstenfalls absterben. Dabei gilt: Je langlebiger eine Pflanzenart ist, umso genauer sollten die Standortbedingungen und -ansprüche übereinstimmen. Sind beispielsweise Radieschen und Salat noch recht tolerant, so reagieren mehrjährige Stauden bereits recht empfindlich auf ungeeignete Flächen und Obstbäume gedeihen gegebenenfalls gar nicht.

Nehmen Sie Einfluss

Natürlich hat man im Garten die Möglichkeit, die Standortbedingungen positiv zu beeinflussen. Humus- und Nährstoffgaben können den Boden aufbessern. Für wärmeliebende und windempfindliche Pflanzen lässt ein Windschutz durch Folienabdeckung, Stangenbohnen, Hecken, Trockenmauern oder die windabgewandte Seite der Laube günstige kleinklimatische Bedingungen entstehen. Zusatzbewässerung kann mangelnde natürliche Niederschläge ersetzen. Frühbeete, Folien und Gewächshäuser können sogar niedrige Temperaturen ausgleichen. All diese Maßnahmen helfen zwar den Pflanzen, erfordern jedoch zusätzlichen materiellen, finanziellen und zeitlichen Aufwand. Ein Gewächshaus muss zum Beispiel ab und zu gelüftet werden.

Selbst ist der Gärtner!

Der Standraum bei Zierpflanzen ist ein Standortfaktor, den ausschließlich der Gärtner bestimmt: Zur Entfaltung ihrer Schönheit benötigen Ziergehölze den richtigen Standraum. Die in Pflanzanleitungen gegebenen Hinweise sollten unbedingt beachtet werden.

Bodentypen im Vergleich

1 | Ein lehmiger Sandboden (oben) ist relativ leicht zu bearbeiten, erwärmt sich im Frühjahr schnell, verfügt über eine gute Wasser- und Nährstoffspeicherung und ist für die meisten Gartenkulturen gut geeignet.

2 | Obwohl Humus für die Bodenfruchtbarkeit unverzichtbar ist, sind reine Humusböden (unten), wie Moor- oder Torfböden, wegen ihres relativ hohen und wechselnden Wassergehaltes für die kleingärtnerische Nutzung nicht geeignet.

↓ *Unterschiedliche Lichtverhältnisse bieten lichthungrigen und Halbschatten vertragenden Pflanzen Raum. Der tages- und jahreszeitlich wechselnde Sonnenstand ist bei der Beetanlage zu berücksichtigen.*

↑ *Wichtig ist die Kenntnis der Bodenart – Sand, Lehm, Ton, humusreicher Boden –, denn danach richten sich viele Arbeiten im Garten. Sandboden (Mitte) besteht aus Quarz, der durch die Finger rieselt. Lehm- (rechts) und Tonboden ist strukturstabiler, er lässt sich zu einer Rolle formen. Im dunklen humusreichen Boden (links) sieht man organische Bestandteile.*

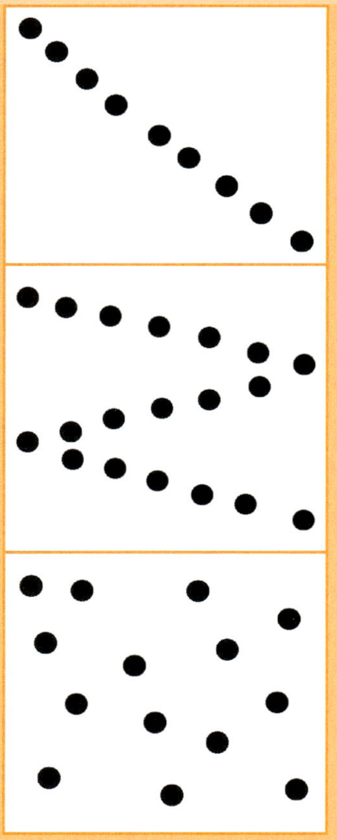

Einteilung der Gartenfläche für die Probennahme

Der Garten wird in ähnlich genutzte Flächen – Gemüse und Zierpflanzen, Obst, Rasen, säureliebende Pflanzen (Heidelbeeren) – unterteilt. Auf jeder Fläche wird eine Mischprobe aus 10 bis 15 Einzelproben von der gesamten Fläche genommen. Dazu geht man entsprechend einem der drei Begehungsmuster vor (von oben nach unten):

- diagonal,
- liegendes N,
- zufällig verteilt.

Bodenprobe – so geht's!

Der Boden muss den Pflanzen alle zum Wachstum notwendigen Nährstoffe, Wasser und Sauerstoff bieten. Nur wenn man seinen Gartenboden kennt, kann man für optimales Pflanzenwachstum sorgen und gleichzeitig die Umwelt schonen. Vor dem ersten Anbau sollte eine umfassende Bodenprobe genommen werden. Sie sagt etwas aus über die Bodenart (Sand, Lehm, Ton, Niedermoor), die Bodenreaktion als pH-Wert (sauer, neutral, basisch), die vorhandenen Nährstoffe (Phosphor, Kali und Magnesium) und die Menge an organischen Bestandteilen (Humusgehalt).

Die Entnahme der Proben

Ein günstiger Termin ist der Spätherbst. Damit die Analyse keine verfälschten Werte bringt, ist es wichtig, die Probennahme in exakten Schritten zu planen. Die erste Analyse sollte in speziellen Labors durchgeführt werden (Adressen siehe S. 122), sie gibt auch Auskunft über die notwendige Düngung. Folgeproben kann man alle vier bis sechs Jahre mit Hilfe von Schnelltests selbst untersuchen. Der Stickstoffgehalt lässt sich ebenfalls mit einem Schnelltest feststellen, da es aber auf guten Gartenböden viele Umsetzungsprozesse durch Bodenlebewesen gibt, ändern sich die Stickstoffgehalte schnell. Der Humusgehalt ist ein besserer Wert, an dem man sich orientieren kann.

Bodenproben nehmen

1 | Achten Sie darauf, dass die Probe aus der gesamten Bodentiefe (30 cm) genommen wird. Dazu wird mit dem Spaten senkrecht in die Erde gestochen, die Erde etwas zur Seite gedrückt und ein Löffel über die Fläche von unten nach oben gezogen.

2 | Die Erde aller 15 Einstiche wird gemischt, Steinchen werden herausgesammelt.

3 | Wenn möglich, wird die Erde gekühlt. 250 g aus der Mischprobe werden für das Labor verpackt.

Wie geht man mit dem Ergebnis einer Bodenprobe um?

Entscheidend für die Planung bodenverbessernder Arbeiten im Garten sind der pH-Wert, die Höhe des Humusgehaltes sowie die Nährstoffgehalte an Phosphor, Kali und Magnesium. Der pH-Wert ist die Maßzahl für die Bodenreaktion. Bei Über- bzw. Unterschreitung des optimalen Wertes kommt es zu Boden- und Pflanzenschäden. Ist der pH-Wert zu niedrig, muss über mehrere Jahre langsam aufgekalkt werden, oder bei einem zu hohen pH-Wert (selten) wird mehrere Jahre nicht gekalkt. Sandböden sollten einen pH-Wert von 5 bis 5,5 aufweisen, sandige Lehmböden 5,5 bis 6,5, Lehm-, Ton- und Lössböden 6 bis 7 und anmoorige Böden zwischen 4 und 5.
Der Humusgehalt bestimmt die Bodenfruchtbarkeit. Um den notwendigen Gehalt zu erreichen und dann aufrechtzuerhalten, muss der Garten in regelmäßigen Abständen mit organischem Dünger – Kompost, Gründüngung, Mulch – versorgt werden. Der anzustrebende Humusgehalt sandiger Böden liegt bei 1 bis 1,5 %, sandiger Lehmböden zwischen 1,5 und 2, bei Lehm-, Ton- und Lössböden bei 2 und bei anmoorigen Böden zwischen 15 und 30.
Mit den ermittelten Nährstoffgehalten an Phosphor, Kali und Magnesium wird der Boden in Versorgungsstufen eingestuft (A: sehr niedrig, B niedrig, C: ausreichend, D: sehr hoch, E: extrem hoch). Entsprechend dieser Einstufung erfolgt dann die organische oder mineralische Düngung. Liegt der Boden in den Versorgungsstufen A und B wird mehr gedüngt, als die Pflanzen entziehen. In der Versorgungsstufe C wird so viel gedüngt, wie die Pflanzen entziehen, in der Stufe D weniger und in der Stufe E über Jahre gar nicht. So kann der Dünger entsprechend dem Bedarf der Pflanzen bei gleichzeitiger Umweltschonung eingesetzt werden.

Tipp: **Boden selbst untersuchen**

Bei Folgeproben, die man alle vier bis sechs Jahre nimmt, wird dann nur noch auf den pH-Wert, Phosphor- oder Kaligehalt untersucht, da sich Bodenart und Humusgehalt nur über viele Jahre langsam ändern. Diese Proben kann man nach Anleitung mit einfachen Schnelltests (siehe Bild) ohne umfangreiche Chemiekenntnisse selbst untersuchen. Wichtig ist, dass die Probennahme genauso exakt erfolgt wie für das Labor.

Für einen guten Boden

Die meisten Pflanzen wollen einen lockeren, humusreichen Boden, der Wasser und Nährstoffe gut speichert. So ein Boden gleicht auch kleine Anbaufehler aus. Eine der wichtigsten Aufgaben des Gärtners ist, den Boden im Laufe der Jahre zu verbessern, zum Beispiel durch den regelmäßigen Anbau von Gründüngungspflanzen.

Die richtigen Geräte für den Boden

1 | Geräte zur schonenden Bodenbearbeitung lockern den Boden, ohne die Bodenschichten stark zu vermischen oder Mikroorganismen in tiefere Bodenschichten zu bringen. Dazu gehört die Gartenkralle zur Lockerung größerer Flächen.

2 | Der Sauzahn eignet sich besser zur Bearbeitung von Streifen, man zieht ihn rückwärtsgehend durch den Boden.

Gründüngungspflanzen

Die Gründüngungspflanzen werden nach ihrer Zugehörigkeit zu den Pflanzenfamilien ausgewählt, denn sie gehören, ebenso wie die Nutzpflanzen, verschiedenen Familien an. Pflanzen aus derselben Familie dürfen niemals hintereinander auf dasselbe Beet. Also kann man nach einer herbstlichen Gründüngung mit Ölrettich (Kreuzblütler) im Frühjahr kein Radies oder Kohl anbauen, das sind ebenfalls Kreuzblütler. Besser wäre in diesem Fall ein Borretschgewächs, wie Phacelia, als Gründünger. (Fruchtfolge, siehe auch S. 76).

Anbau und Einarbeitung der Gründüngung

Gründüngung kann während der gesamten Anbauperiode ausgesät werden, der späteste Termin ist Anfang September. Es ist aber allemal besser, notfalls auch noch später zu säen (trotz geringerer Pflanzenmasse), als den Boden ohne Pflanzen den Winter über unbedeckt zu lassen. Frische Gründüngung sollte vor dem Eingraben abgeschnitten werden und antrocknen, sonst faulen die Pflanzen im Boden. Im Herbst lässt man sie abfrieren und arbeitet sie im Frühjahr ein. Will man unbedingt noch im Spätherbst umgraben, muss die Bodentemperatur dauerhaft unter 5 °C liegen. Ist es wärmer, setzen die Mikroorganismen die Pflanzen noch um, die Nährstoffe werden mit den Niederschlägen ins Grundwasser ausgewaschen und Umwelt und Geldbeutel werden belastet.

So bearbeitet man den Boden

Pflanzenwurzeln und viele Bodenlebewesen brauchen Sauerstoff. Auf verfestigtem, hartem Boden gibt es nur kümmerliches Wachstum. Bei der Bodenbearbeitung wird dem Boden Sauerstoff zugeführt und er wird ge-

lockert. Grundgeräte zur Bodenbearbeitung sind Spaten, Grabegabel oder abgewandelte Formen, wie Doppelgrabegabel oder Gartenkralle. Der Spaten ist das klassische Werkzeug zum Umgraben fester, schwerer Böden im Herbst. Die groben Schollen zerfrieren im Winter (Frostgare), im Frühjahr kann das Saatbeet leichter bereitet werden. Für leichtere Böden ist eine Grabegabel mit vier Stahlzinken besser geeignet. Damit kann der Boden entweder gelockert oder flach umgegraben werden. Gleichzeitig entfernt man Wurzelunkräuter und durchlüftet den Boden, ohne die Bodenschichten stark zu vermischen.

Zur Saat- und Pflanzbettbereitung und zur Einarbeitung von Gründüngung und Kompost ist ein Kultivator günstig. Er schafft eine gute Krümelstruktur und zerstört keimendes Unkraut. Im Laufe des Sommers wird der Boden zwischen den Reihen mit Grubber, Sauzahn oder Hacke gelockert.

! Gründüngungspflanzen

Gründüngung führt dem Boden organische Substanzen zu. Die folgenden Gründüngungspflanzen sind zu empfehlen:

- Phacelia (Bild links): Bienenweidepflanze
- Borretsch: Achtung, wird bei Samenreife zu Unkraut
- Studentenblumen, Ringelblumen: helfen auch gegen schädliche Nematoden im Boden
- Lupinen, Seradella: sammeln und binden Stickstoff aus der Luft
- Luzerne, Klee: mehrjährig, gut für Urbarmachung von Gartenflächen
- Gelbsenf, Ölrettich: bilden viel Grünmasse, gut für schwere Böden, aber ungünstig bei viel Kohlgemüseanbau

Abgefrorene Gründüngung schützt den Boden im Winter und konserviert Nährstoffe.

↓ *Im Sommer wird der Boden nach jeder Bewässerung und jedem Regen zwischen den Pflanzen 10 bis 15 cm tief gelockert. Besonders bei engen Reihenabständen eignet sich dazu der Sauzahn.*

Der eigene Kompost

In der Natur nehmen Pflanzen Nährstoffe aus dem Boden auf, wachsen, sterben ab, werden durch Tiere und Mikroorganismen wieder zu Humus und Nährstoffen zersetzt. Im Garten greift man in diesen Prozess ein, indem man beispielsweise durch das Ernten Pflanzenteile entfernt. Deshalb müssen dem Gartenboden wieder organische Substanz und Nährstoffe zugeführt werden. Kompost ist dafür ideal geeignet.

Welche Materialien dürfen auf den Kompost?

Am besten ist eine Mischung aus pflanzlichen Stoffen und organischen Abfällen.

- **Geeignet:** zerkleinerte Äste, Heckenschnitt, angefeuchtetes Stroh, Rinde, Gemüsepflanzen, angewelkter Rasenschnitt, zerkleinertes Laub, Mist, Küchenabfälle, grüne Pflanzenteile.
- **Problematisch:** kranke Pflanzenteile, samentragende Unkräuter und Wurzelunkräuter (spezielle Behandlung), tierische Abfälle (nur in geschlossenen Kompostbehältern wegen Ungeziefer).
- **Nicht geeignet:** Pflanzen mit pilzlichen Krankheitserregern, deren Sporen im Boden überdauern (Kohlhernie, Himbeerrutenkrankheit), Materialien mit Schadstoffen (z. B. farbiges Zeitungspapier, Kohlenasche).

So legt man einen Komposthaufen an

Für Kompostmiete oder Rottebox sollte ein halbschattiger, windgeschützter Platz gewählt werden, damit der Kompost nicht so schnell austrocknet. Entscheidend ist, dass die für die Umsetzung notwendigen Mikroorganismen nur dann wirkungsvoll arbeiten können, wenn sie Sauerstoff, Feuchtigkeit, Stickstoff und einen pH-Wert um 6 vorfinden. Um dies zu gewährleisten, muss man die unterschiedlichen Materialien gut mischen. Besonders beim Einsatz von geschlossenen Schnellkompostern fault die Masse bei schlechter Mischung. Günstig ist es, erst verschiedene Rohstoffe zu sammeln und dann den Komposthaufen aufzusetzen oder die Rottebox zu füllen. Kranke Pflanzen, samentragende Unkräuter oder Wurzelunkräuter kommen, sofern man sie nicht entsorgt, in die Mitte (im Kernbereich werden bei guter Mischung Temperaturen bis zu 70 °C erreicht), grobe Teile werden zerkleinert. Gibt man etwas Kompost oder Erde und für leichte Böden Ton oder Gesteinsmehl sowie kohlensauren Kalk (1 kg/m^3 Kompost) dazu, sind gute Bedingungen gegeben. Hilfsstoffe sind nur unter ungünstigen Bedingungen notwendig.

Wie ist Kompost anzuwenden?

Kompost sollte am besten im Frühjahr für stark nährstoffbedürftige Pflanzen mit 2 bis 3 l/m^2 ausgebracht werden. So kann der hohe Nährstoffgehalt sofort von den Pflanzen genutzt werden und wird nicht über Winter in den Unterboden ausgewaschen. Grobbrockiger Frischkompost (zwei bis vier Monate alt) eignet sich zum Mulchen. Feiner Reifekompost, der nach sechs bis zwölf Monaten und einmaligem Umsetzen entsteht, verbessert den Humusgehalt des Bodens.

↑ *Lockeres Material, dicht lagernder Grasschnitt sowie feuchte und trockene Rohstoffe werden getrennt gesammelt und dann als Kompost gemischt aufgesetzt.*

↓ *Beim Befüllen müssen luftige, nährstoffarme Materialien (Äste, angefeuchtetes Stroh) und dicht lagernde, nährstoffreiche (angewelkter Rasenschnitt, Laub, Küchenabfälle, grüne Pflanzenteile) gemischt werden.*

↑ *Grobbrockiger Frischkompost wird im Boden weiter umgesetzt und ist vor allem Nährstofflieferant. Erdiger Reifekompost liefert Nährstoffe und verbessert gleichzeitig den Humusgehalt des Bodens.*

↓ *Kompost wird immer nur flach eingearbeitet (Frischkompost) oder ins Pflanzloch (Reifekompost) gegeben, damit die jungen Wurzeln sofort die Nährstoffe erreichen. Tief eingegrabener Kompost kann faulen.*

Beete anlegen und vorbereiten

Im zeitigen Frühjahr, wenn die Bodentemperatur dauerhaft bei + 6 °C liegt, wird mit dem Anlegen der Beete begonnen. Wichtig ist, dass die Bodenoberfläche abgetrocknet ist, denn nasser Boden verschmiert und verklumpt, wenn er bearbeitet wird.
Im Spätherbst umgegrabener Boden wird mithilfe einer Harke eingeebnet. Hat man nicht umgegraben, sollte der gesamte Boden, einschließlich unbefestigter Wege, mit einem Grubber oder einer Gartenkralle gelockert werden. Dabei kann gleichzeitig abgefrorene Gründüngung, Kompost oder Mineraldünger flach in die obere Bodenschicht eingearbeitet werden.

Die gelockerte Bodenoberfläche wird mehrmals geharkt, bis eine etwa 3 cm dicke feinkrümelige, ebene Oberflächenschicht entsteht, der Unterboden sollte etwas fester sein. Das ist besonders für die Direktaussaat von feinen Samen entscheidend. So ein Saatbeet bietet den Keimlingen Sauerstoff und Feuchtigkeit und die im Boden gespeicherten Winterniederschläge verdunsten nicht so schnell. Durch die mehrmalige Bodenbearbeitung wird gleichzeitig das Auflaufen keimender Unkrautsamen unterbunden. Das Saatbeet bleibt länger unkrautfrei. Deshalb ist es auch günstig, das Beet unmittelbar vor der Aussaat oder Pflanzung noch einmal flach durchzuharken.

Einteilung der Beete

Nach der Lockerung wird die Fläche in Beete eingeteilt. Eine Holzlatte mit einer Markierung bei 1,20 und 1,50 m ist zum Abstecken der Beetbreite und Wege ein gutes Hilfsmittel. Generell sollten Beete nie breiter als 1,20 m sein, damit sie sich von beiden Seiten gut bearbeiten lassen.

Tipp: **Saatrillen ziehen**

Die für die Aussaat oder Pflanzung vorbereiteten Beete sollten nicht mehr betreten werden, damit der Boden nicht zu stark verfestigt wird. Deshalb ist es notwendig, das Ziehen der Saatreihen oder Markieren von Pflanzlöchern vom Weg aus durchzuführen. Die Tiefe der Saatrillen richtet sich mit 1 bis 4 cm nach dem Durchmesser der Samen.

Auf der ebenen Beetoberfläche werden entlang einer straff gespannten Schnur mit einem Harkenstiel Saatrillen gezogen oder Pflanzlöcher markiert. Beete in sonniger Lage sind für den Gemüsebau besonders geeignet.

↑ *Auch für den Mischanbau von Gemüse, Kräutern und Blumen sind Beete von 1,20 m Breite ausreichend. Ein Anbau in Reihen erleichtert das Entfernen von Unkraut, da zwischen den Reihen gehackt werden kann.*

Das Anlegen von Wegen

Die Wege zwischen den Beeten legt man 0,30 bis 0,40 m breit an. Schmalere Wege lassen sich schlecht begehen und unkrautfrei halten. Praktisch ist es, mit zwei Pflanzschnüren zu arbeiten, die an den Beetkanten entlang gespannt werden. Der Weg wird dann einfach nur festgetreten, am besten setzt man seitwärts gehend Fuß neben Fuß. Durch zu tief angelegte Wege mit hohen Beetkanten trocknen die Beete schneller aus. Eine dauerhafte Befestigung der Wege zwischen den Beeten ist nicht günstig, da Niederschläge nicht gut versickern können. Im Handel gibt es mobile Lösungen, wie ausrollbare Lattenroste, die sich eignen.

Tipp: **Der Weg zum optimalen Saatbeet**

Wichtig für ein gleichmäßiges Auflaufen der Samen ist ein optimales Saatbeet. Zuerst wird der feuchte Boden (im Sommer eventuell vorher bewässern) mit einem Kultivator flach gelockert (Bild) und dann mehrmals geharkt, bis eine feinkrümelige, ebene Oberfläche entsteht. Auf leichtem Sandboden eignet sich dafür eine Holzharke, auf schwerem Boden ist eine Eisenharke besser.

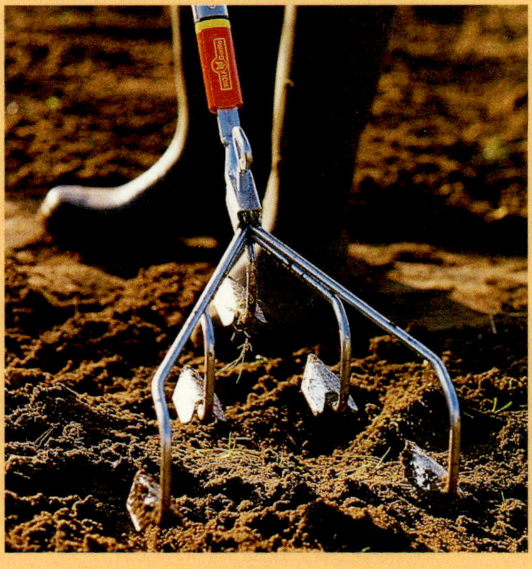

↑ Eine Rasenfläche im eigenen Garten ist für Kinder eine ideale Spielfläche: geschützte Atmosphäre, in Sicht- und Rufnähe zu den Eltern, ohne störende Einflüsse.

↓ Rasen lässt sich in vielerlei Hinsicht nutzen, zum Spielen, zum Liegen, zum Feiern oder auch für eine Gemüsespirale – ein sommerlanges Erlebnis für die ganze Familie.

Rasen – die grüne Mitte

Zu einem perfekten Garten gehört auch eine sattgrüne Rasenfläche. Hindernisse bei der Anlage eines Rasens sind meist verdichtete Böden und extreme Schattenlagen. Bei schweren undurchlässigen Böden kümmern die Rasengräser, und in Schattenlagen setzt sofort Moosbildung ein. In einem durchlässigen Boden wurzeln Rasengräser gut durch, bilden eine dichte Grabnarbe und sind besser zu strapazieren.

So wird ein Rasen angelegt

Der Boden sollte gut durchlässig sein, zur besseren Durchlüftung ist eventuell Sand einzumischen. Dann das Erdreich lockern, Unrat auslesen, mit einem Rechen glatt ziehen, Saatgut mit 25 bis 30 g/m² gleichmäßig ausbringen, mit einem Rechen einharken, andrücken oder anwalzen und gut wässern. Sobald die Gräser höher als 5 cm gewachsen sind, sollte der erste Schnitt erfolgen. Als Abgrenzung zur Staudenrabatte, zum Gemüsebeet oder zur Gehölzgruppe ist eine Pflasterzeile oder eine Plattenkante zu empfehlen, es gibt auch schmale, kaum sichtbare Metallkanten.

Das richtige Saatgut

Handelsübliche Saatgutmischungen, zum Beispiel „Zierrasen“, sind für kleine Rasenflächen kaum

↑ *Erst durch den Rasen bekommt ein Kleingarten die gewünschte Raumwirkung, die optische Weite für eine vielfältige Gartennutzung. Er stellt die grüne Plattform für die umgebenden Stauden und Gehölze dar.*

Auf diese Weise kommt wieder Luft an die Wurzeln der Gräser. Auch die Moosbildung im Rasen kann man mit einer verbesserten Bodendurchlüftung bekämpfen, was oft wirkungsvoller als die chemische Moosbehandlung ist.

Der Rasen inmitten des Gartens

Eine Rasenfläche in einem noch so kleinen Garten sollte möglichst eben angelegt oder nur leicht vertieft sein, aber niemals aufgewölbt. Der Übergang zu Terrasse, Laube und Wegen erfolgt möglichst ebenerdig, barrierefrei und ohne Stufen, denn oft genug wird bei sonnigem Wetter die Rasenfläche zum Spielen und Feiern genutzt. Eine gut durchwurzelte Rasendecke muss durchaus Liegestühle, auch mal Tische oder Spielgeräte ertragen.

geeignet, besser sind die Gräser einer „Sportplatzmischung". Im Fachhandel kann man sich auch strapazierfähige Rasengräser als Saatgutmischung zusammenstellen lassen, beispielsweise Strauß-gras, Weidelgras und Rot-Schwingel.

Auch Pflege muss sein

Eine kleine Rasenfläche, die viel bespielt und strapaziert wird, sollte gut gepflegt werden. Wichtiger als häufiges Düngen ist das intensive Wässern. Der Rasen sollte nicht nur kurz mit Wasser besprüht werden, sondern so kräftig gewässert werden, dass das Wurzelreich der Gräser gut durchfeuchtet ist. Wenn sich mal Bodenverdichtungen zeigen, dann kann man den Rasen lüften, also verifizieren oder aerifizieren, dabei wird die Bodenfläche geschlitzt oder gelöchert und anschließend mit Sand verfüllt.

Rasenpflege

1 | Ein intensiv genutzter Rasen wird vom Frühling bis in den Herbst 10 bis 15 mal gemäht, gelegentlich gedüngt und gut gewässert.

2 | Eine Nachsaat ist bei stark benutztem Rasen gelegentlich erforderlich: Einfach den Boden lockern, Saatgut einbringen, einmischen und den Boden andrücken.

3 | Die Rasenkante lässt sich durch regelmäßiges Schneiden pflegen.

Anzucht und Direktsaat

Die richtige Sortenwahl

Die Anzucht von Jungpflanzen erfordert etwas Grundwissen und technische Voraussetzungen. Sie bietet aber die Möglichkeit, die Entwicklung vom Samenkorn bis zur fertigen Pflanze mitzuerleben. Als Erstes muss man sich Gedanken über die Sortenwahl machen. Einige Züchter bieten alte Sorten an. Sie haben Pflanzen mit gewünschten Eigenschaften über viele Jahre ausgelesen und vermehrt, so sind reinerbige Sorten entstanden. Davon kann man immer wieder Saatgut nehmen, die Nachkommen haben alle die gleichen Eigenschaften. Neue Sorten sind meistens Hybridsorten (als F1 bezeichnet). Man kann diese Sorten nicht selbst vermehren, da die Eigenschaften nur in der ersten Vermehrungsgeneration stabil sind. Der Vorteil neuer Sorten ist, dass sie gegenüber vielen Krankheitserregern tolerant oder resistent sind. Tolerante Pflanzen können zwar krank werden, aber relativ spät und nicht so stark, man erntet noch gute Qualität. Resistente Pflanzen werden nicht oder nur in Ausnahmefällen, wenn der Erreger die Resistenz durchbricht, befallen. Beim Saatgutkauf sollte man deshalb immer Sorten mit hohen Toleranzen und Resistenzen auswählen.

Aussaat Schritt für Schritt

1 | Aussaatschale mit feuchter nährstoffarmer Erde füllen und leicht andrücken.

2 | Samen am besten breitwürfig und nicht zu dicht aussäen. Sehr feine Samen mischt man mit trockenem Sand, damit sie sich gleichmäßiger verteilen lassen.

3 | Samen andrücken, Dunkelkeimer dünn mit Erde oder Sand übersieben.

4 | Eine zu nasse oder ausgetrocknete Oberfläche verhindert das Keimen. Trockene Erde übersprühen und anschließend mit Folie oder einer Glasscheibe abdecken.

5 | Wenn die Keimblätter voll entwickelt sind, muss pikiert werden. Dazu werden die Pflanzen vorsichtig herausgenommen, ohne die Wurzeln zu beschädigen.

6 | Jedes Pflänzchen wird einzeln oder im Abstand von ca. 3 cm neu eingepflanzt.

Die Anzucht von Jungpflanzen

Keimlinge und junge Pflanzen brauchen vor allem Licht. Da dies im Winter und zeitigem Frühjahr am Fenster nicht ausreicht, sollte eine Jungpflanzenanzucht nicht vor Mitte März erfolgen. Dann können sich kleine, stabile Pflanzen entwickeln, die im Freiland besser anwachsen.

Zur Aussaat braucht man Aussaatschalen oder ein Zimmergewächshaus mit Abdeckung. Für sehr wärmebedürftige Arten, zum Beispiel Auberginen, ist eine Zusatzheizung nötig. Als Erde eignet sich nur nährstoffarme, unkrautfreie Aussaaterde. Kompost oder Blumenerde sind zu nährstoffreich.

Die Aussaattiefe richtet sich nach der Pflanzenart. Es gibt Dunkel- und Lichtkeimer (auf der Saattüte vermerkt). Die Samen von Lichtkeimern, beispielsweise Basilikum, brauchen zum Keimen zusätzlich zu Wärme und Feuchtigkeit Licht und werden deshalb nicht mit Erde bedeckt. Samen von Dunkelkeimern werden so dick mit fein gesiebter Erde oder trockenem, feinem Sand bedeckt, wie sie selbst stark sind. Wichtig ist, dass nicht zu dicht ausgesät wird. Auch Pflanzen aus kleinen Samen brauchen Platz. Die optimale Keimtemperatur liegt bei 20 bis 22 °C. Aussaatschalen mit wärmebedürftigen Arten, wie Gurke und Melone, werden auf Noppenfolie gestellt, damit sich keine Kältebrücken bilden.

Haben die Sämlinge voll entwickelte Keimblätter, muss je nach zukünftiger Pflanzengröße im Abstand von 3 bis 5 cm pikiert, das heißt vereinzelt werden, damit jedes Pflänzchen genügend Licht und Luft bekommt. Großwachsende Arten werden danach, wenn sie zwei bis drei Laubblätter gebildet haben, getopft. Vor dem Auspflanzen müssen die Pflanzen abgehärtet, das heißt, an die Bedingungen im Freiland (Sonne, Wind, Temperatur) gewöhnt werden. Günstig ist es, die Pflanzen einige Tage geschützt ins Freie zu stellen.

↑ *Zimmergewächshäuser eignen sich gut für die Jungpflanzenanzucht. Für kräftige, stabile Pflanzen ist regelmäßiges Lüften und wenn möglich eine zusätzliche Belichtung wichtig.*

Tipp: **So klappt das Pikieren**

Das Pikieren erfordert sorgfältiges Arbeiten. Mit einem Stab wird eine Vertiefung in die Erde gedrückt. Der Keimling wird gelockert und vorsichtig angefasst, um den Stängel und „das Herz der Pflanze“, den Vegetationskegel, nicht zu beschädigen. Man setzt ihn etwas tiefer, als er vorher gestanden hat. Nach dem Anwachsen wird die Temperatur abgesenkt, um die Pflanzen langsam an die Außenbedingungen anzupassen.

↑ *Der Samen wird in gleichmäßigem Abstand in die markierten Reihen ausgesät. Kleine Samen mischt man mit trockenem Sand und verzieht nach dem Auflaufen zu eng wachsende Pflanzen.*

↑ *Bei Busch-, Stangen- oder Feuerbohnen und Freilandgurken kann man auch eine Horstsaat anwenden. Dazu werden im Abstand von etwa 30 cm je fünf bis sechs Samen kreisförmig etwa 3 cm tief gelegt.*

Tipp: **Saatbänder**

Saatbänder sind bequem zu handhaben, denn die jungen Pflänzchen müssen später nicht vereinzelt werden. Auf einem feuchten Beet werden etwa 3 cm tiefe Rillen gezogen, die Saatbänder ausgelegt und leicht mit Erde bedeckt. Anschließend werden sie angegossen und das Beet bis zum Auflaufen feucht gehalten. Trocknet es zeitweise aus, können die Pflanzen nicht keimen.

Saatgutformen

Um das Auflaufergebnis der Samen zu verbessern und die Arbeit zu vereinfachen, gibt es im Handel verschiedene Saatgutformen. Nichtrunde Samen werden häufig als sogenanntes pilliertes Saatgut angeboten. Dabei ist der Samen mit einer Hüllmasse beschichtet, dadurch ist er rund und gleichgroß. So lässt er sich besser aussäen. Oft enthält die Hüllmasse auch Schutzstoffe für den jungen Keimling. Nach der Aussaat nimmt die Hüllmasse im Boden Feuchtigkeit auf, quillt, zerfällt in zwei Teile und der Samen kann keimen. Ganz wichtig für das Keimen ist die Bodenfeuchtigkeit. Fehlt sie, kann der Keimling die trockene Hüllmasse nicht durchbrechen, er trocknet ein. Saatgutbänder, Saatscheiben und Saatplatten enthalten oft ebenfalls pillierte Samen, die in pflanzentypischen Abständen in Vlies eingelegt sind. Bänder eignen sich für eine Direktsaat im Freiland, während Scheiben oder Platten auch zur Jungpflanzenanzucht auf Anzuchtgefäße aufgelegt werden können. Bei diesen Samen ist die Keimung ebenfalls nur bei ausreichender Bodenfeuchte möglich.

Frühbeet oder Folientunnel

Pflanzen mit höherem Wärmebedarf und längerer Entwicklungszeit kann man im Frühbeet oder Folientunnel vorkultivieren. Sie werden in Reihen ausgesät und nach dem Auflaufen vereinzelt. Vor dem Auspflanzen muss gut gelüftet werden, damit die Pflanzen abgehärtet werden. Einlegegurken und Buschbohnen können im April in Töpfe gelegt und ins Frühbeet gestellt werden. Durch das Auspflanzen Mitte Mai hat man dann eine zeitigere Ernte.

Aussaat im Freiland

Viele Gemüsearten und Sommerblumen mit einer kurzen Entwicklungszeit von Aussaat bis Ernte oder Blüte können an Ort und Stelle im Freiland ausgesät werden. Dies sollte aber nie zu früh erfolgen. Jede Pflanzenart hat eine optimale Keimtemperatur. Wird diese unterschritten, liegt der Samen im Boden und fault. Während Radies, Möhren, Spinat, Salat oder Wicken schon bei 15 °C keimen, brauchen Gurken, Bohnen oder Löwenmäulchen Bodentemperaturen über 20 °C. Aus diesem Grund ist es günstig, die Aussaaten im Freiland mit Lochfolie oder Vlies zu bedecken. Die Pflanzen keimen darunter schneller und gleichmäßiger. Die Bodenfeuchte bei der Aussaat ist zu kontrollieren, denn über gelochte Folie kann kaum Regen in den Boden sickern. Haben die Pflänzchen Keimblätter entwickelt, wird an einem trüben, regnerischen, kühlen Vormittag die Folie abgenommen.

↑ *Eine Aussaat im Folientunnel fördert durch höhere Temperaturen das Keimen. Das Auspflanzen darf aber nur an einem regnerischen Tag erfolgen, damit sich die Pflanzen an Einstrahlung und Wind gewöhnen.*

↓ *Frühbeete sind ab Mitte März für Aussaaten von weniger kälteempfindlichen Arten – Kohlrabi, Salat, Sommerphlox, Astern – geeignet. Bei guten Lichtbedingungen entwickeln sich kräftige Jungpflanzen.*

Pflanzung – ab in die Erde!

Gemüse

Will man zeitig Frühgemüse (Blumenkohl, Kohlrabi) ernten oder Gemüsearten mit einem hohen Wärmebedarf (Tomaten, Zucchini) anbauen, sind Jungpflanzen besser geeignet als eine Direktsaat. Der Anbauzeitraum bis zur Ernte ist dann kürzer. Gut abgehärtete, getopfte Jungpflanzen wachsen leichter an als Pflanzen aus einem Saatbeet ohne Ballen.
Gemüse wird möglichst auf sonnige Beete in gut gelockerten Boden gepflanzt. Eine Pflanzung an einem regnerischen, trüben Tag verbessert das Anwachsen. Die Pflanzabstände richten sich nach der Pflanzengröße, so werden Zucchini im Abstand von 100 x 100 cm, Kohl und Tomaten im Abstand 60 x 50 cm und Kopfsalat im Abstand 30 x 20 cm gepflanzt. Beim Pflanzen ist darauf zu achten, dass die Erde gut angedrückt und anschließend angegossen wird.

Obst

Günstig ist es, Obstbäume im Herbst zu pflanzen, da sie dann bis zum Winteranfang noch Wurzeln bilden können. Nur frostempfindliche Arten, wie Pfirsich, sollten im Frühjahr gepflanzt werden. Vor der Pflanzung werden beschädigte Wurzeln bis in den gesunden Bereich zurückgeschnitten und der Baum für einige Stunden in Wasser gestellt. Anschließend wird die Pflanzgrube ausgehoben, die größer als die Wurzelmasse sein muss. Auf den gelockerten Grubenboden wird Kompost aufgebracht (kein frischer Stallmist). Der Baum wird so tief gesetzt, dass die Veredlungsstelle etwa 10 cm über der Bodenoberfläche liegt. Wichtig ist es, die Erde gut zwischen den Wurzeln zu verteilen, sie etwas festzutreten und anzugießen. So haben die Wurzeln guten Bodenkontakt. Beerensträucher werden ebenfalls so gepflanzt. Da sie nicht veredelt sind, kann man sie etwas tiefer setzen, als sie vorher gestanden haben. Erdbeeren pflanzt man beetweise so zeitig wie möglich im Sommer (ab Mitte Juli). Dann entwickeln sich bis zum nächsten Jahr kräftige, ertragreiche Pflanzen. Die Jungpflanzen sollten schon starke Wurzeln oder Topfballen haben. Beim Pflanzen im Abstand von 60 x 20 cm dürfen sie nicht zu tief gesetzt werden, das Herzblatt muss frei sein.

↓ *Jungpflanzen müssen kräftig und gedrungen sein. Sie dürfen keine Krankheiten oder Schädlinge aufweisen. Wichtig sind ein gut durchwurzelter Topfballen und helle, gesunde Wurzelspitzen.*

Zierpflanzen

Die Pflanzung von Ziergehölzen erfolgt wie die von Obstbäumen. Wenn möglich, sollte man Pflanzen im Container oder mit Ballen kaufen, da sie auch im Frühjahr sicherer anwachsen. Für die Pflanzung von Rosen ist eine sehr gute Bodenvorbereitung notwendig. Besonders bei sandigen Böden muss in die Pflanzgrube reichlich Kompost oder auch Lehm. Busch- und Kletterrosen werden so tief gepflanzt, dass die Veredlungsstelle etwa 5 cm unter der Erdoberfläche liegt. Hochstammrosen sollten so tief gepflanzt werden, wie sie vorher standen. Nach dem Angießen erleichtert ein leichtes Anhäufeln das Anwachsen. Durch Teilung vermehrte Stauden werden mit Ausnahme von Schwertlilien (August) im Frühjahr oder Herbst auf gut gelockerten, mit Kompost verbesserten Boden gepflanzt.

↑ Stauden, die in Containern angezogen sind, können das ganze Jahr in frostfreien Boden gepflanzt werden. Vor der Pflanzung ist der Boden gut zu lockern und Kompost bis in 30 cm Tiefe einzugrubbern.

↓ Bei Obstbäumen muss sich die Veredlungsstelle über der Erdoberfläche befinden, da sonst die veredelte Sorte Wurzeln bildet. Der gewünschte Einfluss der Unterlage auf Wachstum und Ertrag würde sich reduzieren.

! Die richtige Pflanztiefe

Die meisten Gemüsearten pflanzt man so tief, wie sie vorher im Topf gestanden haben.

1 | Ausnahmen sind Tomaten und Gurken, sie bilden am Stamm Wurzeln und werden deshalb tiefer gepflanzt. Auch Porree wird tief gepflanzt.

2 | Es gibt wenige Arten, die man flach pflanzt: Salat, Kohlrabi und Knollensellerie faulen bei zu tiefer Pflanzung oder bilden keine Knollen.

Obst und Gemüse für alle!

↑ *Ein kleines Gemüsebeet, ca. 1,20 m breit, kann abwechslungsreich mit Gemüse in Mischkultur bepflanzt werden. Als Wegebelag können auch Holzhäcksel oder Rindenmulch verwendet werden.*

Einen Nutzgarten selbst anzulegen, ist für Gartenfreunde, vor allem wenn sie bereits Kenntnisse im Umgang mit Boden, Pflanzen und Gartenpflege haben, eine reizvolle Aufgabe. In einer Kleingartenanlage helfen auch gerne die Fachberater der kleingärtnerischen Gemeinschaft.

Einteilung eines Nutzgartens

Die Grundstücksgröße für einen Nutzgarten kann bis zu 400 m^2 betragen, ausreichend sind aber bereits 270 bis 350 m^2, möglichst in rechteckiger Grundform. In der Nordost-Ecke des Grundstücks sollte die Laube stehen, mit einer optimalen Ausrichtung nach Süden bis Südwesten. Dem Gartenhaus vorgelagert wird eine Terrasse mit 10 bis 12 m^2. Der Hauptweg in den Garten und zum Gartenhaus sollte mindestens eine Gehwegbreite von 60 cm haben, besser sind 70 bis 90 cm. Der Weg könnte auch als Rundweg durch den Garten geführt werden. Als Belag sind Platten oder Pflastersteine zu empfehlen, auch Kieswege sind denkbar.
Für die Gestaltung eines Nutzgartens sind zwar freie Formen möglich, eine optimale Ausnutzung der kleinen Grundstücksfläche erzielt man jedoch mit geometrischen, rechtwinkligen Formen. Dies ergibt sich allein aus dem Zuschnitt der Beetform, und die ist idealerweise rechteckig.

In einem Nutzgarten dominieren Gemüsebeete und Obstgehölze. Trotzdem besteht in der Regel der Wunsch, auch eine Rasenfläche anzulegen, dazu noch Beete für Stauden und Gewürzpflanzen. Die Rasenfläche sollte möglichst bündig zur Terrasse anschließen, um so bei Bedarf einen erweiterten Freiraum zu haben. Schmückende Stauden und Ziergehölze können an der Terrasse und am Garteneingang stehen.
In der Nähe des Gartenhauses oder der Rasenfläche ist der ideale Standort für einen kleinen Hausbaum, einen Obstbaum als Hochstamm. In seinem Schatten ist Platz für den Komposthaufen oder Schnellkomposter. An der Gartengrenze ist Platz für Obstspindeln und -spaliere, Beerensträucher und eine Himbeerhecke. Die Beete für Gemüse, Kräuter und Erdbeeren sollten gut besonnt angeordnet und nicht breiter als 1,20 m sein. Auch an ein Frühbeet und einen Wasseranschluss sollte gedacht werden.

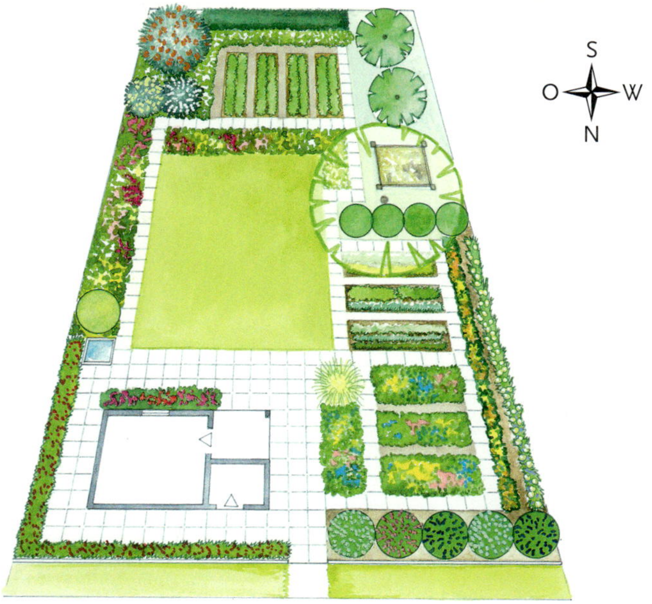

↑ *Der rechteckige Grundstückszuschnitt ist die beste Form für einen Kleingarten. Die Gartenlaube mit vorgelagerter Terrasse sollte in der Nordostecke platziert sein, um eine ideale Ausrichtung nach Südwesten zu erhalten, neben der Rasenfläche steht ein Obstbaum-Hochstamm, an den Grundstücksgrenzen ist Spalierobst und Beerenobst gepflanzt, die Rasenfläche steht in Verbindung zur Terrasse, die Gemüsebeete und die Staudenrabatte sind gut über Wege erreichbar.*

! Pflanzen für 4-Personen-Haushalt

Ein intensiv genutzter Schrebergarten reicht aus, um einen 4-Personen-Haushalt mit Gemüse und Obst zu versorgen.

- Apfel-Hochstamm: 1 Baum
- Apfel-Spindelbaum: 3 verschiedene Sorten
- Birnen-Spindelbaum: 3 verschiedene Sorten
- Johannisbeere: 5 Sträucher oder Stämmchen
- Stachelbeere: 5 Sträucher oder Stämmchen
- Himbeersträucher: 10–15 Pflanzen
- Erdbeerbeet: 10 m² (35–60 Pflanzen, je nach Sorte)
- Früher Salat: 10 Pflanzen
- Radieschen: 3 Reihen (ca. 60 Pflanzen)
- Kohlrabi, Fenchel: je 10 Pflanzen
- Spinat: 2 m² (ca. 60 Pflanzen)
- Möhren: 5 m² (ca. 80 Pflanzen)
- Porree: 20 Pflanzen
- Feldsalat: 3 m² (ca. 120 Pflanzen)

↓ *Für die Wege zwischen den einzelnen Gemüsebeeten sind mobile Holz-Lattenroste bestens geeignet. Die Pflanzen sollten von den Wegen aus gut erreichbar sein.*

↓ *Mit Strohmulch unterlegte Erdbeeren bringen eine gute Ernte. Das Stroh verringert den Befall mit Erdbeer-Fäulnis durch Grauschimmel-Pilz* (Botrytis).

Beete mal ganz anders

Hügel-, Bank- und Hochbeete erleichtern den Umgang mit den Pflanzen und sind eine barrierefreie Hilfe.

Hügelbeete

Ohne aufwendige Konstruktionen lassen sich Hügelbeete anlegen. Da ein Hügelbeet durch seine Aufwölbung zwei schräge Satteldach-Flächen hat und beide Flächen gut besonnt werden sollen, ist eine Nord-Süd-Ausrichtung ratsam. Als Unterbau für das Beet in Hügelform werden Gehölzzweige, Holzschnitzel und Laub verwendet, darüber kommt dann ein Gemisch aus Gartenerde, Kompost und Sand. Als Bepflanzung ist eine Mischkultur von Küchenkräutern und Gemüse, auch Zucchini, zu empfehlen, damit der Mutterboden nicht so leicht abgespült werden kann. Ein Hügelbeet hat im Vergleich zu einem flachen Gemüsebeet enorme Vorteile: Es gibt den Pflanzen einen warmen Fuß und sorgt für eine bessere Durchlüftung. Dies hat eine frühere Ernte zur Folge.

↓ *Platz zum Beobachten und Experimentieren: Ein Hügelbeet im eigenen Garten sollte möglichst in Nord-Süd-Richtung angelegt und in Mischkultur bepflanzt werden.*

Bankbeete

Auf etwa 30 bis 50 cm Höhe angehobene Beete, gebaut aus Holzbalken, Brettern oder Steinplatten können als Abgrenzung zu einem Nachbargrundstück dienen oder fangen eine Geländeneigung ab. Bei Bankbeeten braucht man sich nicht so tief zu bücken, sie sind ideal für Himbeeren, Kultur-Heidelbeeren, Erdbeeren oder Duftpflanzen.

Hochbeete

Ein Hochbeet bietet sich vor allem bei empfindlichen Pflanzen an. Und für ältere oder behinderte Menschen stellt es eine große Hilfe dar.

Für den Bau eines Hochbeets braucht man Holzpfosten und starke Bohlen aus Lärchenholz, da das Holz der Lärche im Wechselbereich der Erdfeuchte lange hält. Eine sorgfältige Auswahl des Holzes ermöglicht einen Verzicht auf Imprägnierungsmittel. Für den Aufbau des Hochbeets benötigt man zudem Kies, Maschendraht, eventuell Vlies, Gehölzschnitt, Holzabfälle, Reisig, Häcksel, Lauberde, Sand und Komposterde (siehe Tippkasten unten rechts). Die Höhe der einzelnen Schichten richtet sich nach den vorhandenen Materialien. Als obere Substratschicht reicht eine nährstoffreiche Gartenerde, möglichst durchmischt mit Sand und Lavagrus (poröses Material) sowie einem organischen Volldünger. Nach der Bepflanzung empfiehlt es sich, den Boden zu mulchen, um die Feuchtigkeit länger im Boden zu halten. Bereits im ersten Jahr setzt sich der gesamte Schichtaufbau, sodass mit Mutterboden nachgefüllt werden muss.

Der Nase ganz nah

Mit dem Hochbeet sind die Pflanzen Augen und Nase sehr nahe, daher ist es nicht nur für Gemüse, sondern auch besonders für Duftpflanzen geeignet, wie Lavendel, Thymian, Minze, Duftrosen, Phlox und Jasmin.

↑ *Ein Hochbeet ermöglicht eine intensive gärtnerische Bewirtschaftung. Bringt man zusätzlich eine Vorrichtung zum Auftragen einer schützenden Folie an, kann das Hochbeet noch länger genutzt werden.*

↓ *Dieses aus Holzbalken gebaute Hochbeet mit bequemer Auflage wurde nach eigenen Vorstellungen bepflanzt. Das Füllmaterial aus Holzschnitt wird sich mit der Zeit absetzen, sodass Oberboden nachzufüllen ist.*

Tipp: **Aufbau eines Hochbeets**

Die Konstruktion erfolgt aus Holzpfosten und -bohlen, möglichst aus Lärchenholz (Höhe bis 0,70 m, Breite 1,10 bis 1,20 m, Länge beliebig), im Umlauf sind Gehwegplatten ratsam. Der Aufbau erfolgt schichtweise: im Untergrund eine Dränage aus Kies (darüber ein Vlies zum Schutz vor Verschmutzung, seitlich Maschendraht gegen Wühlmäuse), darauf Gehölzschnitt, Holzabfälle, Häcksel und Reisig, darüber ein filterfähiges Substrat aus Lauberde, Sand und Kompost. Als Oberboden genügt nährstoffreiche Gartenerde.

Mischkultur – Harmonie im Beet

In der Natur wachsen die Pflanzen in der Regel in Gemeinschaften, die an die Umweltbedingungen angepasst sind und sich gegenseitig fördern. Viele Pflanzengemeinschaften haben Strategien entwickelt, um Schädlinge und Krankheiten abzuwehren. Im Garten kann man durch Mischanbau auf den Beeten versuchen, ebenfalls solche harmonischen Pflanzengemeinschaften zu schaffen. Dabei können verschiedene Gemüsearten, Kräuter oder auch Blumen miteinander angebaut werden. Da sich aber einzelne Pflanzenarten auch negativ beeinflussen können, erfordert die Mischkultur Kenntnisse über Wuchseigenschaften, Verträglichkeit untereinander und Ansprüche der einzelnen Arten. Man kann Mischkulturtabellen verwenden und sollte durch Beobachtung eigene Erfahrungen sammeln.

Welche Anbaukombinationen sind möglich?

Schnell keimende Pflanzen (Radies) harmonieren mit langsam keimenden (Möhren) auf einem Beet, schnell wachsende (Salat) mit langsam wachsenden (Tomaten), denn die schnell wachsenden Pflanzen räumen die Fläche, wenn die langsam wachsenden Pflanzen Platz brauchen. Pflanzen mit wenig Blattmasse kön-

↑ *Mischanbau von Gemüse und Kräutern ist nicht nur von Vorteil für die Pflanzen. Durch die Kombination farblich gut ausgewählter Gemüse- und Kräutersorten sind die Beete auch optisch ein Schmuckstück.*

↓ *Ringelblumen sind gute Nachbarn für die meisten Gemüsearten. Gleichzeitig wehren sie, wie Studentenblumen, mit ihren Wurzelausscheidungen die Ausbreitung schädlicher Nematoden im Boden ab.*

Pflanzen, die gut zusammenpassen

Viele Gemüsearten, Kräuter, Sommerblumen und Obstgehölze vertragen sich gut miteinander, wehren Schadinsekten ab und fördern gegenseitig ihr Wachstum. Gute Nachbarn, die gemeinsam auf einem Beet stehen können, sind:

- Zucchini + Zwiebeln + Basilikum
- Buschbohnen + Blumenkohl
- Erdbeeren (1. Jahr) + Steckzwiebeln
- Kapuzinerkresse + Obstbäume
- Kohlrabi + Buschbohnen + Bohnenkraut/Kerbel
- Mangold + Brokkoli + Pflücksalat
- Möhren + Zuckererbsen + Radies
- Tomaten + Kohlrabi + Ringelblumen
- Rote Bete + Gurken + Kopfsalat
- Schwarzwurzeln + Porree + Karotten
- Sellerie + Tomaten + Studentenblumen
- Spinat + Kartoffeln + Studentenblumen

↑ *Warum nicht Gemüse, Kräuter und Sommerblumen gemeinsam in Gefäße pflanzen. Basilikum, Tomate, Petunien, Majoran – sie harmonieren wunderbar und schützen sich auch noch vor Blattlausbefall.*

nen gut kombiniert werden, da sie sich gegenseitig nicht behindern, beispielsweise Möhren und Porree. Hohe Pflanzen, wie Zuckermais, schützen windempfindliche, niedrige Pflanzen, wie Gurken.
Pflanzen, die entweder tief (Kohl) und flach (Salat) wurzeln, oder wenig (Paprika) und viel (Studentenblumen) Wurzelmasse bilden, passen gut nebeneinander, denn sie konkurrieren dadurch nicht um Nährstoffe. Pflanzen, die Schädlinge oder Krankheiten abwehren (Knoblauch hält Grauschimmel fern bzw. Studentenblumen wehren Nematoden ab) pflanzt man gemeinsam mit Pflanzen in ein Beet, die von diesen befallen werden können (z. B. Erdbeeren bzw. Kartoffeln).

Gibt es schlechte Nachbarn?

Pflanzen der gleichen Familien werden häufig auch von den gleichen Krankheiten und Schädlingen befallen. Gleichzeitig sondern die Pflanzen Wurzelausscheidungen ab, die das Keimen und Wachsen der Nachbarpflanzen beeinflussen können. Deshalb müssen bei der Planung für einen Mischanbau immer die Fruchtfolgeprinzipien (siehe S. 76) beachtet werden. Es gibt aber auch eine kleine Anzahl von Pflanzenkombinationen, die unterschiedlichen Familien angehören und sich trotzdem nicht vertragen. Hier vermutet man, dass Duftstoffe, wie sie beispielsweise von Kohlgemüse abgegeben werden, nicht für alle Arten verträglich sind. So hemmt Kohl, mit Zwiebeln oder Kartoffeln auf einem Beet angebaut, das Wachstum dieser Pflanzen. Salat sollte nicht mit Petersilie oder Sellerie kombiniert werden, Tomaten nicht neben Erbsen stehen, Buschbohnen wollen nicht neben Zwiebeln oder Porree stehen und Gurken mögen nicht gemeinsam mit Radies oder Tomaten auf einem Beet wachsen.

Fruchtfolge – was ist das?

Eine Fruchtfolge ist die geplante Reihenfolge, mit der Gemüse-, Zierpflanzen- und Obstarten auf den Gartenflächen während des Jahres und im Laufe der Jahre angebaut werden. Verletzt man die Grundsätze der Fruchtfolge, verringern sich die Erträge und die Pflanzenqualität verschlechtert sich. Die Ursachen dafür sind bodenbürtige Schädlinge und Krankheiten sowie Wurzelausscheidungen der Pflanzen. Diese rufen Keim- und Wachstumshemmungen bei denen als Nächstes angebauten Pflanzen hervor. Dieser komplexe Vorgang wird als Bodenmüdigkeit bezeichnet.

Wie plant man eine Fruchtfolge?

Ein systematisch geplanter Fruchtwechsel im Kleingarten ist schwierig, denn es gibt nur eine begrenzte Anzahl von Gemüse- und Zierpflanzenarten und sie gehören oft einer Familie an. So sind alle Kohlarten, Radies, Kresse, Rucola, aber auch Levkojen, der Familie der Kreuzblütler zugeordnet. Bevor man einen Fruchtfolgeplan aufstellt, muss man sich deshalb die Familien der wichtigsten Arten ansehen und auch die Nährstoffbedürftigkeit und die notwendigen Anbaupausen in die Planung mit einbeziehen. Dazu teilt man den Garten in vier oder fünf verschiedene Beete ein. Man pflanzt zum Beispiel auf dem 1. Beet im 1. Jahr Pflanzen mit hohem Düngerbedarf (Stark-

↑ *Die wichtigste Anbaumethode und zugleich biologische Maßnahme zur Gesunderhaltung der Pflanzen ist ein regelmäßiger Wechsel der Pflanzenfamilien auf den Beeten.*

Tipp: **Fruchtfolge schützt vor Krankheiten**

Gleiche Arten oder Arten der gleichen biologischen Familie von Gemüse, Zierpflanzen und Gründüngungspflanzen dürfen an gleicher Stelle erst wieder nach drei bis sechs Jahren angebaut werden. Dadurch wird die Ausbreitung bodenbürtiger Krankheiten, wie Kohlhernie (Bild), reduziert. Ein Wechsel von Stark-, Mittel- und Schwachzehrern sowie stickstoffsammelnden Gründüngern verbessert die Nährstoffausnutzung und vermindert den Düngereinsatz.

zehrer), im 2. Jahr Pflanzen einer anderen Familie mit mittlerem Nährstoffbedarf (Mittelzehrer), im 3. Jahr Pflanzen einer wiederum anderen Familie mit geringem Nährstoffbedarf (Schwachzehrer) und im 4. Jahr steht die erste Art wieder auf der Fläche. Das wäre eine 4-jährige Rotation. Wenn schon viele Bodenschäden vorliegen, ist eine 5-jährige Rotation mit einem Anbau von Gründüngungspflanzen günstiger.

Fruchtfolge bei Obst und Rosen

Ein Anbau von Obstgehölzen oder Rosen nacheinander auf der gleichen Fläche ist problematisch. Bodenbürtige Schaderreger und Wurzelausscheidungen führen zu einer jahrelangen Bodenmüdigkeit. Deshalb sollte man einen neuen Standort festlegen. Ist das nicht möglich, muss für eine Neupflanzung von Obst die Art gewechselt werden. So kann nach der Rodung eines Apfelbaums eine Kirsche oder Pflaume gepflanzt werden, aber keine Birne. Bei einer Neupflanzung von Rosen ist die Erde großzügig auszuwechseln.

Einordnung von Gemüsearten

GEMÜSE	FAMILIE	ANBAUPAUSE IN JAHREN	NÄHRSTOFF-BEDÜRFTIGKEIT
Kohl	Kreuzblütler	3 bis 4	Starkzehrer
Sellerie	Doldenblütler	3 bis 4	Starkzehrer
Tomate, Kartoffel, Paprika	Nachtschattengewächse	3 bis 4	Stark- bis Mittelzehrer
Möhre	Doldenblütler	3 bis 4	Mittelzehrer
Gurken	Kürbisgewächse	3 bis 5	Mittelzehrer
Bohne	Schmetterlingsblütler	2 bis 3	Mittel- bis Schwachzehrer
Zwiebeln	Lauchgewächse	4 bis 5	Schwachzehrer
Kopf-, Eis-, Pflücksalat	Korbblütler	3 bis 4	Schwachzehrer
Radies, Rettich	Kreuzblütler	3 bis 4	Schwachzehrer
Erbsen	Schmetterlingsblütler	4 bis 6	Schwachzehrer

↓ Die Gemüsepflanzen werden nach ihrem Bedarf an Nährstoffen in drei Gruppen eingeteilt: Starkzehrer (links), Mittelzehrer (Mitte) und Schwachzehrer (rechts).

Auch gießen will gelernt sein

Natürliche Niederschläge sind Schwankungen unterworfen, vor allem im Sommer reichen sie nicht aus. Da Wasser für die Pflanzen lebensnotwendig ist, muss man zusätzlich bewässern. Die Höhe der Bewässerung ist abhängig von der Pflanzenart, ihrer Entwicklung und dem Boden. Schwerer Lehmboden speichert Wasser beispielsweise besser als ein Sandboden.

Wann wird wie viel gegossen?

Wassergaben sollten möglichst in den Morgenstunden mit mindestens 15 oder besser 20 l/m² gegeben werden, das entspricht etwa zwei großen 10-l-Gießkannen Wasser/m². Nur so wird der Boden gut durchfeuchtet und die Verdunstung reduziert. Häufige kleine Bewässerungsgaben fördern Pilzerkrankungen. Haben Sie nur abends Zeit zu gießen, sollte darauf geachtet werden, dass nur der Bodenbereich gewässert wird.

Nach jedem Niederschlag oder einer Bewässerung ist es hilfreich, die Bodenoberfläche aufzulockern. Dadurch wird der Wassertransport aus den tieferen Bodenschichten unterbunden, der Boden bleibt länger feucht.

Während der Keimung beziehungsweise dem Anwachsen der Pflanzen darf der Boden nie austrocknen. Anschließend kann man die Bodenfeuchte etwas ver-

↓ *10 mm Wasser im Regenmesser entspricht einer Menge von 10 l Wasser pro 1 m² Boden. Misst man einmal die Bewässerungsmenge in einer bestimmten Zeiteinheit, weiß man, wie lange der Regner laufen muss.*

↓ *Um sparsam mit Wasser umzugehen, sollte Regenwasser für die Bewässerung gesammelt werden. Kunststoff-Regentonnen müssen im Spätherbst geleert werden, da das gefrorene Wasser die Tonne zerreißen kann.*

Tipp: **Automatische Bewässerung**

Mit etwas technischem Geschick kann man sich eine wassersparende automatische Bewässerung bauen. Bewässerungszeit und Wassermenge werden über einen Bewässerungscomputer (Fachhandel) gesteuert. In den Beeten werden in der Nähe der Pflanzen Kunststoffschläuche mit Tropfstellen ausgelegt (siehe Bild unten). So kommt das benötigte Wasser direkt an der Pflanze in den Boden und die Blätter bleiben trocken.

↑ *Nach dem Pflanzen muss sofort angegossen werden, damit die Wurzeln guten Bodenkontakt bekommen. Sind die Pflanzen angewachsen, wird die Bodenfeuchte etwas gesenkt, das regt das Wurzelwachstum an.*

↓ *Eine Mulchschicht, die auf den feuchten Boden aufgebracht wird, speichert die Bodenfeuchte. Dazu eignet sich auch schwarze Mulchfolie. Die Wasserversorgung muss dann aber über Tropfschläuche erfolgen.*

ringern, um die Wurzelbildung der Pflanzen anzuregen. Mit dem Hauptwachstum nimmt dann bei allen Pflanzen der Wasserbedarf wieder stark zu.

So durstig ist Gemüse

Wurzelgemüse, wie Möhren oder Sellerie, werden erst dann kontinuierlich bewässert, wenn die Reihen geschlossen sind. In trockenen Jahren muss auf leichten Böden etwa alle fünf Tage, auf schweren Böden etwa alle acht Tage bewässert werden. Fruchtgemüse, wie Erbsen, Bohnen, Zucchini und Tomaten, haben erst mit dem Beginn des Fruchtwachstums einen hohen, dann aber gleichmäßigen Wasserbedarf. Da bei hohen Temperaturen täglich bis zu 5 mm Wasser verdunstet werden können, muss dann etwa alle vier Tage bewässert werden. Im Gegensatz dazu lieben Blatt- und Kohlgemüse eine gleichmäßige Bodenfeuchte über die gesamte Entwicklung. Ist die Wasserversorgung ungleichmäßig, platzen Kohlrabi und Salate gehen schneller in Blüte.

Die richtige Düngung

Pflanzen benötigen Nährstoffe. Stickstoff (N), Phosphor (P), Kali (K), Calcium (Ca), Magnesium (Mg) und Schwefel (S) sind Hauptnährstoffe. Die Spurenelemente Bor (B), Mangan (Mn), Eisen (Fe), Kupfer (Cu), Molybdän (Mo) und Zink (Zn) sind in kleineren Mengen ebenfalls lebensnotwendig. Alle Nährstoffe sollten in einem ausgewogenen Verhältnis vorhanden sein.

↓ *Etwa ein Drittel des benötigten mineralischen Düngers wird bei der Pflanzung als Startdüngung gegeben. Der restliche Dünger wird am besten zu zwei Kopfdüngungsterminen ausgebracht, wenn die Pflanzen kräftig zu wachsen beginnen.*

Die verschiedenen Düngerarten

Pflanzen nehmen im Gegensatz zum Menschen Nährstoffe in mineralischer Form auf. Mineralische Dünger gibt es als Einnährstoffdünger – Stickstoff-, Phosphor-, Kali- und Kalkdünger. Da es Übung erfordert, die Menge der einzelnen Nährstoffe entsprechend der Bodenuntersuchung und dem Pflanzenbedarf zu berechnen, gibt es Mehrnährstoffdünger. Sie sind entweder auf einzelne Kulturen zugeschnitten, z. B. auf Rosen, oder orientieren sich als Volldünger am Bedarf einer durchschnittlichen Pflanze. Solche Dünger sind geeignet, wenn alle Nährstoffe im Boden in einer Versorgungsstufe vorliegen. Organische Dünger werden im Boden erst noch mineralisiert und sind daher langsamer für die Pflanzen verfügbar. Sie enthalten Haupt- und Spurennährstoffe in einer günstigen Zusammensetzung. Zu den organischen Düngern zählen Kompost, Gründüngung, Ernterückstände, Brennnesseljauche, Mist und organische Handelsdünger, wie Hornmehl, getrockneter Rinderdung, Guano oder Rizinusschrot.

Ausbringen des Düngers

Mineralische und organische Dünger müssen in die oberste Bodenschicht eingearbeitet oder eingewässert werden. So sind die Nährstoffe pflanzenverfügbar und können sich im Bodenwasser lösen. Zu tiefes Einarbeiten ist falsch, die jungen Pflanzenwurzeln erreichen die Nährstoffe dann nicht, weil diese ausgewaschen werden.

Fehlen nur einzelne Nährstoffe, wird besser mit Einzelnährstoffen als mit Mehrnährstoffdüngern zugedüngt. Nährstoffüberschuss führt nämlich ebenfalls zu Problemen: Die Pflanzen zeigen ein weiches, üppiges Wachstum, sind für Schädlinge und Krankheiten anfälliger und gleichzeitig ist ihre Qualität beeinträchtigt.

In der Regel reicht eine Düngung mit Kompost im Frühjahr aus. Starkzehrer und Mittelzehrer (siehe auch S. 77) bekommen noch eine Zusatzdüngung mit Stickstoff. Dazu gibt man im Sommer ein bis zwei Kopfdüngungen mit schnell wirkenden, stickstoffhaltigen Düngern. Der späteste Termin, besonders für verholzte Pflanzen, ist Ende Juli/Anfang August. Bei späterer Düngung sind die Pflanzen im Herbst noch im Wachstum, ihre Frostfestigkeit verringert sich. Auch Gemüse und Sommerblumen können eine späte Kopfdüngung nicht ausnutzen. Der Dünger bleibt im Boden, er wird durch die Winterniederschläge ausgewaschen und die Umwelt belastet.

! Nährstoffmangel erkennen

Fehlt ein Nährstoff, treten typische Mangelerscheinungen auf. Stickstoffmangel zeigt (siehe Bild links) sich in kümmerlichem Pflanzenwachstum und grünlich-gelblichen Blättern. Typisch ist auch Kalimangel mit braunen, abgestorbenen Rändern an älteren Blättern und fehlender Frosthärte. Bei Magnesiummangel ist die Blattgrünbildung reduziert. Aber auch Spurenelementmangel ruft starke Pflanzenschäden hervor. So können sich bei Molybdänmangel die Blattspreiten von Kohl nicht ausbilden. Ein fehlender Nährstoff lässt sich niemals durch andere Nährstoffe ersetzen.

Tipp: Auf eine genaue Dosierung achten!

Düngermengen müssen genau abgemessen werden. Eine zu hohe Dosierung schädigt die Umwelt und führt besonders bei Flüssigdüngern zu Verbrennungen. Arbeitssparend ist es, feste Dünger einmal in einem Becher auszuwiegen und die Mengen zu markieren. Dann kann man die Pflanzen exakt mit der notwendigen Düngermenge versorgen.

↑ *Angefeuchteter Strohmulch ist nährstoffarm. Mischen Sie deshalb Stickstoffdünger ein, damit die das Stroh zersetzenden Mikroorganismen nicht alle Nährstoffe aus dem Boden für sich verbrauchen.*

↓ *Das Hacken der Beete sollte so lange erfolgen, bis der Pflanzenbestand geschlossen, also der Boden bedeckt ist. Einige Gemüsearten, wie Erbsen, Porree, Puffbohnen, Möhren, werden dabei leicht angehäufelt.*

Pflegearbeiten im Kleingarten

Sind alle Beete angelegt, Obstbäume, Beerensträucher, Zierpflanzen und Gemüse gepflanzt oder ausgesät, hat man zwar den richtigen Startschuss für das Gartenjahr gegeben, man kann die Kulturpflanzen aber leider nicht sich selbst überlassen, wenn man auch später im Jahr noch Freude an ihnen haben möchte. Um ein optimales Wachstum zu ermöglichen, müssen über das Jahr verteilt verschiedene Pflegemaßnahmen durchgeführt werden. Dazu zählen neben Bewässerung (siehe S. 78) und Düngung (siehe S. 80) auch das regelmäßige Lockern des Bodens, das Entfernen von Unkräutern, Pflanzenschutz (siehe S. 86–93) und spezielle Arbeiten an einzelnen Pflanzenarten.

Unbeliebte Kräuter

Jeder Boden enthält eine Vielzahl von Unkrautsamen, die zum Teil über 100 Jahre im Boden liegen können. Werden sie durch Bodenbearbeitung in die obere Bodenschicht gebracht und erhalten zum Beispiel durch Licht einen Keimreiz, laufen sie auf. Auf den Beeten konkurrieren sie dann mit den Kulturpflanzen um Nährstoffe, Wasser und Licht. Deshalb ist es besonders für junge Pflänzchen wichtig, dass durch Hacken zwischen den Pflanzen das Unkraut entfernt wird. Werden langsam keimende Samen ausgesät, sind ein paar schnell keimende Samen zur Markierung der

↑ *Schwarze Mulchfolie wird auf feuchten, erwärmten Boden aufgelegt, an den Rändern eingegraben und an den Pflanzstellen kreuzweise eingeschnitten. Wärmebedürftige Pflanzen wachsen so schneller.*

↑ *Mit einer Kralle wird der Boden zwischen den Pflanzen nach Bewässerung oder Regen vorsichtig gelockert, denn verkrustete Böden behindern das Wachstum. Auflaufendes Unkraut wird gleichzeitig entfernt.*

Reihen unterzumischen (z. B. Radies oder Pflücksalat zu Möhren), das erleichtert das Hacken. Unkraut sollte niemals Samen bilden, denn dann verbreitet es sich schlagartig. Besonders problematisch sind Wurzelunkräuter. Sie breiten sich durch Wurzelausläufer und Bodenbearbeitung (Graben) aus. Jedes Wurzelstückchen von Quecke, Giersch oder Distel bildet eine neue Pflanze. Die Wurzeln müssen deshalb bei jeder Bodenbearbeitung sorgfältig ausgesammelt werden. Mulchfolien helfen, das Wachstum der Wurzelunkräuter zu unterdrücken.

Boden mulchen

Eine arbeitssparende Möglichkeit der Bodenpflege ist das Mulchen. Es reduziert das Unkrautziehen, fördert Bodengare und Bodenfeuchtigkeit und kühlt bei starker Sonneneinstrahlung den Boden. Unter Gehölzen und Stauden ist es besonders nützlich. Zu beachten ist, dass das Mulchmaterial nicht zu dicht an Gehölzen anliegen darf, da sonst Schadpilze die Pflanze befallen können. Mulchkompost ist für das Mulchen von Obst, Gemüse und Zierpflanzen geeignet. Rindenmulch sondert Gerbstoffe ab und ist deshalb mehr etwas für Wege. Gemüse verträgt ihn gar nicht. Stroh, Laub (außer Walnuss), Rhabarberblätter, angewelkter Grasschnitt und Kräuter können ebenfalls zum Mulchen eingesetzt werden. Sind die Mulchmaterialien nährstoffarm, muss unbedingt mit etwas Stickstoff (z. B. 50 g Hornmehl/m^2) zugedüngt werden, damit genügend Nährstoffe für das Pflanzenwachstum zur Verfügung stehen. Die Mulchschicht sollte für einen ausreichenden Bodenschutz etwa 10 cm dick sein. Nachteilig ist, dass sich der gemulchte Boden im Frühjahr nicht so schnell erwärmt und Schnecken noch bessere Lebensbedingungen bekommen. Schwarze, vor allem biologisch abbaubare Mulchfolie ist eine geeignete Alternative zu organischem Mulch. Auf feuchten, warmen Boden aufgelegt, speichert sie Temperatur und Feuchte. Der Unkrautwuchs wird völlig unterdrückt. Besonders für wärmeliebende Kulturen, wie Gurke, Tomate oder Paprika, ist die Pflanzung auf schwarzer Mulchfolie ideal, da das Wurzelwachstum im wärmeren Boden angeregt und gefördert wird.

Staudenpflege im Sommer und Herbst

Eingewachsene Staudenbeete erfordern nur wenig Pflege. Nach jeder Bewässerung wird zwischen den Pflanzen gehackt. Dabei ist auf Wurzelunkräuter zu achten, sie lassen sich bei stärkerer Ausbreitung in den Pflanzenpolstern kaum noch entfernen.

Ein regelmäßiges Ausschneiden alter Blütenstände und bei Rittersporn oder Phlox ein Rückschnitt auf etwa 20 cm Höhe verhindern, dass die Kraft der Pflanze in die Samenbildung geht. Die hohen Stauden erfreuen uns im Spätsommer noch einmal mit neuen Blüten.
Stauden sollten, besonders wenn der Herbst trocken ist, gut gewässert werden, damit sie den Winter überstehen. Ein zu starkes Zurückschneiden im Herbst ist ungünstig. Es kann Feuchtigkeit in den Wurzelstock eindringen, die Pflanzen faulen während des Winters.

Spezialfall Erdbeeren

Bewährt hat sich der Rückschnitt der alten Blätter unmittelbar nach der Ernte, danach wird der Boden zwischen den Reihen gut gelockert. Da Erdbeerpflanzen

↓ Werden Sommerblumen für einen Strauß geschnitten oder die verblühten Blüten regelmäßig ausgebrochen, wird die Samenbildung verhindert und die Pflanzen werden zur Bildung neuer Seitentriebe und Blüten angeregt. Dadurch verlängert sich bei Wicken, Astern und Kapuzinerkresse der Blütenflor bis in den Herbst hinein. Einige Arten, zum Beispiel Elfenspiegel, vertragen einen stärkeren Rückschnitt.

niemals ein Messer benutzen, denn mit dem anhaftenden Pflanzensaft werden Krankheiten übertragen. Für frühe Ernten werden Tomaten eintriebig gezogen. Unter unseren Klimabedingungen reifen etwa fünf Blütenstände. Damit die Kraft der Pflanze nicht in weitere Blütenbildung geht, wird die Pflanze nach dem zweiten Blatt über dem fünften Blütenstand gestutzt. Tomaten sind bei Feuchtigkeit auf den Blättern sehr anfällig für Pilzkrankheiten. Überbaut man sie mit einem Schutzdach und sorgt man dafür, dass nur der Boden bewässert wird und Blätter sowie Früchte unbenetzt bleiben, zum Beispiel durch eingegrabene Tontöpfe neben der Pflanze oder Tropfschläuche, sind die Ernten sicherer.

↑ *Hohe Blütenpflanzen, wie Rittersporn, Phlox oder Schafgarbe (Bild) werden an ringförmige Pflanzenstäbe oder andere Stützhilfen angebunden und sind so vor dem Umbrechen durch Regen und Wind geschützt.*

↓ *Stabtomaten wachsen in ihrer Heimat wie Lianen und brauchen deshalb eine Stütze. Sie müssen unter jedem Blütenstand locker an einem Stab befestigt werden oder um einen Spiralstab geschlungen werden.*

bereits im Sommer ihre Blütenknospen für das nächste Jahr anlegen, sind eine bis zwei Kopfdüngergaben mit insgesamt 20 g Kalkammonsalpeter/m² und Bewässerung notwendig. Sollen selbst Jungpflanzen gezogen werden, sind besonders reichtragende Pflanzen frühzeitig zu kennzeichnen, um davon Ableger zu nehmen. Belässt man einige Ranken an der Pflanze und senkt neben den Mutterpflanzen Töpfe mit Komposterde in den Boden, können die Jungpflanzen in diesen kräftige Ballen bilden und wachsen dann im August gut an (siehe auch S. 96).

Tomaten brauchen extra Pflege

Lässt man Stabtomaten einfach wachsen, bilden sich an jeder Blattachsel Seitentriebe und ein Pflanzendickicht. Deshalb müssen kleine Seitentriebe sorgfältig entgeizt, also ausgebrochen werden. Man sollte

Pflanzen stärken und schützen

Schaffen Sie gute Voraussetzungen

Wenn Pflanzen nicht richtig wachsen wollen, sind häufig Pilzkrankheiten oder Schädlinge schuld. Manchmal liegt es aber auch an einem schlechten Standort oder mangelhafter Ernährung. Um Misserfolge in Grenzen zu halten, ist es daher zunächst wichtig, für gute Wachstumsbedingungen zu sorgen. Neben den Bodeneigenschaften sind hier auch die Lichtverhältnisse von Bedeutung. Außerdem sollte auf eine bedarfsgerechte Düngung geachtet und die günstige Wirkung von Mischkultur (siehe S. 74) und Fruchtfolge (siehe S. 76) im Gemüsegarten genutzt werden.

↓ Selbst hergestellte Pflanzenbrühen und -jauchen können zur Stärkung der Pflanzen verwendet werden, um einem Befall mit Krankheiten oder Schädlingen vorzubeugen.

Die richtige Sortenwahl

Da einige Pflanzen beziehungsweise Sorten von Natur aus unempfindlich gegenüber Schaderregern sind, spricht vieles dafür, diese bevorzugt anzupflanzen. So gibt es unter anderem Apfelsorten mit geringerer Empfindlichkeit gegenüber Schorf und Mehltau, gegen Mehltau widerstandsfähige Stachelbeeren, Salatsorten, die kaum von Blattläusen befallen werden oder robuste Rosensorten. Fragen Sie am besten beim Pflanzenkauf in Ihrer Gärtnerei danach.

! So halten Sie Schädlinge fern

Zur Schädlingsabwehrh sind biotechnische Maßnahmen gut geeignet. So kann man mithilfe von Kulturschutznetzen (Bild links) Gemüse vor Fraßschäden durch Gemüsefliegen oder Raupen schützen. Farbige Leimtafeln hingegen locken Schädlinge an und halten sie auf einer Leimschicht fest. Hierdurch lassen sich Kirschfruchtfliegen im Kirschbaum abfangen oder Tomaten im Gewächshaus von Weißen Fliegen „frei halten". Legt man im Herbst Leimringe fest um Obststämme (Bild rechts), gelangen kaum Frostspanner-Weibchen zur Eiablage in die Baumkrone: Der Raupenfraß im Frühjahr wird vermindert.

Pflanzen helfen Pflanzen

Bestimmte Pflanzen können Sie sogar direkt zur Schädlingsabwehr einsetzen. Viele Gärtner schwören auf den abschreckenden Duft von Lavendel zum Schutz vor Blattläusen oder säen Studentenblumen aus, um schädliche Wurzelnematoden abzuwehren. Auch eine Stärkung der Pflanzen mit Pflanzenbrühen kann hilfreich sein. Am bekanntesten ist der Einsatz von Brennnessel-Jauche, um die Widerstandsfähigkeit der Pflanzen zu erhöhen. Zu bekommen sind Pflanzenstärkungsmittel entweder als Fertigprodukte im Gartenfachhandel oder man stellt sie selbst her.

Nützliche Tiere

Neben schädlichen Tieren treten im Garten auch zahlreiche nützliche Arten auf. Weit verbreitet und sehr hilfreich sind Marienkäfer, Florfliegen, Schwebfliegen, Schlupfwespen und Raubmilben. Aber auch Igel und Spitzmaus sind willkommen. Es ist sinnvoll, diese Nützlinge gezielt in den Garten zu locken. Hierzu kann man attraktive Blütenpflanzen anpflanzen oder geeignete Unterschlupfmöglichkeiten schaffen. Für den Winter könnten spezielle Überwinterungsquartiere aufgestellt werden oder man versucht es mit einfachen Reisig- oder Steinhaufen, die ebenfalls gut geeignet sind. Bestimmte Nützlinge lassen sich auch über Spezialfirmen beziehen (siehe S. 123). Besonders empfehlenswert ist die Ausbringung von Fadenwürmern zur Bekämpfung von schädlichen Käferlarven im Boden (z. B. Dickmaulrüssler oder Gartenlaubkäfer). Auch *Trichogramma*-Schlupfwespen gegen Wicklerraupen in Äpfeln oder Pflaumen sind gut für den Kleingarten geeignet.

Nützlinge – kleine Gartenhelfer

1 | Die Larven von Schwebfliegen sind nützliche Blattlausräuber.

2 | Der Marienkäfer ist einer der bekanntesten Nützlinge. Er und seine Larven fressen vor allem Blattläuse, aber auch zahlreiche andere Schädlinge.

3 | „Insektenhotels" eignen sich zur Ansiedlung von Nützlingen.

Häufige Schädlinge

1 | Nacktschnecken werden vor allem bei Regenwetter zu einer echten Plage.

2 | Die Larven des Dickmaulrüsslers fressen an den Wurzeln, während erwachsene Käfer einen Buchtenfraß an Blatträndern verursachen.

3 | Frostspannerraupen treten im zeitigen Frühjahr auf und schädigen zahlreiche Obst- und Ziergehölze.

4 | Schon kurz nach dem Austrieb werden junge Rosentriebe sehr schnell von Blattläusen besiedelt.

5 | Nadeln von Eiben färben sich bei Befall mit Schildläusen schwarz. Dies liegt an Rußtaupilzen, die sich auf den Honigtauausscheidungen der Läuse ansiedeln.

6 | Auch Nadelgehölze leiden gelegentlich unter Spinnmilben. Auffallend sind die typischen Gespinstfäden.

Schädlinge und Krankheiten

Neben ungünstigen Witterungsbedingungen oder Pflegefehlern können auch Schädlinge und Krankheiten zu Pflanzenschäden führen.

Schnecke, Wühlmaus & Co

Treten tierische Schaderreger auf, erkennt man dies an auffälligen Fraßstellen oder Deformierungen an den Blättern. Fast in jedem Jahr hat man es mit Fraßschäden durch Schnecken oder Wühlmäuse zu tun. Schnecken fressen die Pflanzen von oben kahl, während Wühlmäuse es auf Wurzeln, Knollen oder Blumenzwiebeln abgesehen haben. Leider gibt es gegen die verbreiteten Schnecken bislang kein Bekämpfungsmittel, das einen durchschlagenden Erfolg verspricht. Gegen Wühlmäuse hingegen kann man sehr gut mit Fallen vorgehen. Wenn Blattläuse die Pflanzen befallen, wird dies meist durch Verkrüppelungen an den Triebspitzen sichtbar. Nimmt ein Befall überhand, versuchen Sie zunächst, die Läuse mit einem scharfen Wasserstrahl abzuspritzen. Erst wenn dies nicht ausreicht, greifen Sie eventuell zu speziellen Blattlaus-Bekämpfungsmitteln. An mediterranen Kübelpflanzen sowie an einigen Ziergehölzen wird man es oft auch mit Schildlaus-Befall zu tun haben. Schildläuse saugen ebenfalls an den Blättern und führen dazu, dass ein schwarzer Rußtaubelag zurückbleibt. Ölpräparate oder systemisch wirkende Mittel können helfen, diese Schädlinge wieder loszuwerden. Besonders in den wärmeren Sommermonaten treten vielfach auch Spinnmilben auf. Die Blätter nehmen dann sehr schnell eine fahle Färbung an und vertrocknen. Leider ist die Bekämpfung von Spinnmilben sehr schwierig. Im Kleingewächshaus kann man es mit dem Aussetzen von Raubmilben (Fachhandel, siehe S. 123) probieren.

Pflanzenkrankheiten

Neben einem Befall mit Schädlingen kann es an Pflanzen auch zum Auftreten von Krankheiten kommen, die durch Viren, Bakterien oder Pilze hervorgerufen werden. Während die Verbreitung von Viren durch Überträger (z. B. Insekten) oder mechanisch stattfindet, vermehren sich Bakterien und Pilze besonders bei feuchter Witterung. Viruserkrankungen zeigen sich in der Regel durch ringförmige oder mosaikartige Gelbzeichnungen an den Blättern. Bakterien hingegen hinterlassen unterschiedliche Schadbilder. Möglich sind Blattflecken, Welkeerscheinungen oder Fäulnisbildung. Da sich weder Viren noch Bakterien bekämpfen lassen, sollten Sie kranke Pflanzen am besten entsorgen (nicht auf den Kompost geben!). Die Erscheinungsbilder von Pilzerkrankungen sind sehr unterschiedlich. Zu den häufigsten Pilzarten gehören Mehltau, Rost, Blattfleckenpilze sowie Wurzel- und Stängelgrunderkrankungen. An Obstfrüchten treten des Öfteren auch Fäulniserreger auf. Während Mehltau einen weißen Belag auf den Blättern zurücklässt, entstehen durch Rost und Blattfleckenpilze rostfarbene oder braunschwarze Blattflecken. Pilze, die die Wurzeln oder den Stängelgrund befallen, sind besonders aggressiv, da sie meist zum Absterben der gesamten Pflanze führen.

Pilzkrankheiten

1 | Die mehlig weißen Flecken auf den Blättern stammen vom Echten Mehltau.

2 | Wenn es zur Erntezeit der Erdbeeren viel regnet, fangen die Früchte schnell an zu faulen (Grauschimmelfäule).

3 | Der Wacholder *(Juniperus)* ist der Winterwirt für den Birnengitterrost. Im Frühjahr infiziert der Pilz durch Sporen die Birnbäume.

Sonnenbrand, Viren & Bakterien

1 | Schattenliebende Gehölze wie Rhododendron bekommen in praller Sonne schnell einen Sonnenbrand.

2 | Die ringförmigen gelben Flecken an der Pfingstrose *(Paeonia)* sind auf Viren zurückzuführen. Sie sind aber eher ungefährlich.

3 | Nicht nur Pilze, sondern auch Bakterien *(Pseudomonas)* können Blattflecken verursachen, wie hier am Rittersporn *(Delphinium)*.

Probleme an Zierpflanzen

Tierische Schaderreger

An Zierpflanzen gibt es neben Schädlingen, die auch Nutzpflanzen befallen, auch sehr spezialisierte Formen. Ein Beispiel ist der schon sehr früh im Jahr an Buchsbaum erscheinende Buchsbaumblattfloh. Er verursacht zum einen löffelartige Blattverkrümmungen, noch auffälliger sind jedoch die vielen weißen, watteartigen Ausscheidungen an den Triebspitzen. Da Blattflöhe meist nur für kurze Zeit aktiv sind, besteht allerdings keine große Gefahr, dass die Pflanzen nennenswert Schaden nehmen.

Anders sieht es bei einem Befall mit Netzwanzen aus. An Lavendelheide und Rhododendron sind diese Insekten sehr unangenehm. Sie sitzen fast ausschließlich an den Blattunterseiten und saugen die Blattzellen aus, was gerade in warmen Sommern sehr schnell zu unschönen Blattaufhellungen führen kann. Hier helfen dann nur wiederholte Spritzungen mit speziellen Insektenbekämpfungsmitteln.

Rein mechanisch kann man gegen die auffälligen roten Käfer an Lilien und Kaiserkronen vorgehen. Das Lilienhähnchen und dessen schleimige Larven fressen ganze Blätter und Blüten kahl. Ein Absammeln der Käfer reicht meist aus, um schnelle Abhilfe zu schaffen. Sollten die Blätter Ihrer Stauden hingegen von Blattälchen befallen sein, sieht es deutlich schlechter aus. Wirtspflanze Nummer eins ist die Anemone. Die in den Blattzellen saugenden Fadenwürmer (Älchen) hinterlassen ein klassisches Schadbild. Geschädigte Blattbereiche färben sich braun und sind deutlich durch die Blattadern vom gesunden Gewebe abgegrenzt. Wenn es nicht gelingt, den Befall durch Abpflücken der Blätter zu stoppen, sollten Sie die Pflanzen über den Hausmüll entsorgen. Werfen Sie die kranken Pflanzen auf keinen Fall auf den Kompost.

Pilzkrankheiten

Was in keinem Garten fehlen darf, sind Stauden. So vielfältig wie das Pflanzensortiment sind leider aber auch die möglichen Erkrankungen. Zu den besonders häufigen zählen Blattfleckenpilze, Echter Mehltau oder Rost. Vor allem in regnerischen Sommern muss

Schädlinge an Zierpflanzen

1 | Weiße watteartige Ausscheidungen des Buchsbaumblattflohs

2 | Befall mit Netzwanzen an Lavendelheide *(Pieris)*

3 | Leuchtend roter Käfer (Lilienhähnchen) an Lilie

4 | Von Blattälchen geschädigtes Anemonenblatt

mit verstärktem Pilzbefall gerechnet werden. Versuchen Sie zunächst, eine weitere Ausbreitung der Erreger durch ein frühzeitiges Entfernen der befallenen Blätter zu verhindern. Hilft dies nicht, schneiden Sie die Stauden zurück.
Leider werden auch die beliebten Rosen von zahlreichen Krankheiten heimgesucht. Insbesondere Pilzkrankheiten, wie der Sternrußtau, können hier sehr schnell zum Abwurf der Blätter führen. Ein Befall zeigt sich zunächst durch unregelmäßige braune bis violettschwarze Flecken, die vom Rand her sternförmig ausgezackt sind. Um Schäden abzuwenden, helfen in regnerischen Jahren nur regelmäßig durchgeführte Fungizidspritzungen. Durch die Wahl widerstandsfähiger Sorten können Sie den Befall mit Sternrußtau von vornherein minimieren. Achten Sie beim Rosenkauf auf das ADR-Siegel.
Eine weitere Krankheit, die häufiger im Garten auftritt, ist das Knospensterben der Rhododendren. Ein Pilz infiziert hier die Knospen und führt oft schon im Winter zu Verbräunungen, sodass Knospen im Frühjahr nicht mehr aufblühen. Das Ausbrechen der abgestorbenen Knospen stellt in diesem Fall die sinnvollste Gegenmaßnahme dar.
Auch Löcher in den Blättern können auf Pilzbefall zurückzuführen sein. Viele denken vielleicht zunächst an Fraßschäden, an Kirschlorbeer jedoch ist es der Erreger der Schrotschusskrankheit, der zu solchen Symptomen führt. Dieser Pilz ist zwar nicht sonderlich gefährlich, hinterlässt aber ein auffälliges Schadbild.
Bei immergrünen Nadelgehölzen, wie Eibe, Lebensbaum oder Scheinzypresse, können es auch die Wurzeln sein, die von Schadpilzen (*Phytophthora*-Fäule) befallen werden. Man erkennt dies zunächst daran, dass die Pflanzen braun werden und kränkeln. Staunässe an den Wurzeln ist die Hauptursache für das Auftreten dieser Schadpilze.

Krankheiten an Zierpflanzen

1 | Der Echte Mehltau ist ein „Schönwetterpilz". Auch an Stauden kommt er oft vor.

2 | Bei Befall mit Rostpilzen entstehen an Blättern und Stängeln zahlreiche rostfarbene bis braunschwarze Flecken und Pusteln.

3 | Bei Regenwetter werden Rosen oft von Schadpilzen befallen. Besonders aggressiv ist der Sternrußtau, da er zum schnellen Abwurf der Blätter führt.

4 | Vom Knospensterben vernichtete Rhododendronknospen sollten ausgebrochen werden.

5 | Schrotschuss-Löcher in Blättern von Kirschlorbeer *(Prunus laurocerasus)*

6 | Befall mit der *Septoria*-Blattfleckenkrankheit an Flammenblume *(Phlox)*

Krankes Gemüse

1 | Tomaten können Sie mit einem Regendach vor der Kraut- und Braunfäule schützen.

2 | Der Falsche Mehltau an Gurken ist vor allem ein Problem im Freiland, kann aber auch im Gewächshaus auftreten.

3 | Ein Befall mit der *Septoria*-Blattfleckenkrankheit zeigt sich an Sellerie zunächst durch graubraune Blattflecken, bis das Laub später nahezu vollständig abstirbt.

4 | Die Fraßgänge im Rettich sind auf einen Befall mit Maden der Kleinen Kohlfliege zurückzuführen.

5 | Fraßschaden des Großen Kohlweißlings mit Raupenkot an Blumenkohl

6 | Der Zwiebelthrips an Porree wird vor allem bei trockenem und warmem Sommerwetter zum Problem.

Unerwünscht im Nutzgarten!

Gemüse

Starke Schäden sind zu erwarten, wenn die Kraut- und Braunfäule an Tomaten auftritt. Blätter und Stängel weisen dann zunächst bräunliche Flecken auf, vertrocknen nachfolgend oder verfaulen. Letztendlich brechen die Pflanzen komplett zusammen. Auch die Früchte zeigen Schäden, nämlich durch braune, eingesunkene Flecken sowie durch eine anschließende Fruchtfäule. Der Pilz befällt die Tomaten allerdings nur, wenn es längere Zeit feucht ist. Dies gilt ebenso für den Falschen Mehltau an Freilandgurken. Zunächst zeigt sich ein Befall durch eckige, gelbe Blattflecken, bis die Pflanzen später absterben. An eine Beerntung ist dann meist nicht mehr zu denken. Bei Gurken helfen leider nur rechtzeitig durchgeführte Fungizidspritzungen. An Gemüse treten auch Blattfleckenpilze auf, die zum Absterben der ganzen Pflanze führen können. In regenreichen Jahren muss vor allem bei Möhren (Möhrenschwärze), Petersilie oder Sellerie (*Septoria*-Blattfleckenkrankheit) mit einem Auftreten gerechnet werden.
An tierischen Schaderregern bereiten besonders Gemüsefliegen (Kohl-, Möhren- oder Zwiebelfliege) und Blattläuse Probleme. Bei Kohlarten treten außerdem gefräßige Schmetterlingsraupen auf, die ganze Bestände kahl fressen können. Während bei Gemüsefliegenbefall ein Totalausfall möglich ist, sind bei ande-

ren Schädlingen meist nur Zuwachsprobleme oder Qualitätsbeeinträchtigungen zu beklagen. Viele Schädlinge lassen sich mit Kulturschutznetzen fernhalten.

Obst

An Obst stellen Pilzerkrankungen das Hauptproblem dar, insbesondere wenn sie die Früchte befallen. Weitgehend bekannt sind Schorfflecken an Äpfeln oder die Grauschimmelfäule an Erdbeeren. Außerdem treten an Obstbäumen des Öfteren Pilze auf, die Blattverkrüppelungen oder ein Triebsterben verursachen. An Pfirsichen ist es die Kräuselkrankheit, die schon kurz nach dem Austrieb Blattkräuselungen oder blasenartige Deformationen hervorruft. Außerdem bleibt der normale Triebzuwachs aus. Im Extremfall können sogar die Blätter vorzeitig abgestoßen werden. Es gibt mittlerweile auch weniger empfindliche Sorten – lassen Sie sich beim Kauf richtig beraten. Dies gilt auch, wenn Sie Sauerkirschen pflanzen wollen. Schadpilze, wie die *Monilia*-Spitzendürre, bereiten hier Probleme. Dieser Pilz infiziert Kirschen zur Zeit der Blüte und lässt Triebe sehr schnell von der Spitze her eintrocknen. Schneiden Sie alle kranken Triebe schnellstmöglich bis ins gesunde Holz zurück.
Sollten Ihre reifen Äpfel, Pflaumen oder Kirschen von „Würmern“ oder Maden befallen sein, haben Sie es mit kleinen Raupen von Wicklern (Äpfel und Pflaumen) oder mit den Maden der Kirschfruchtfliege zu tun. Sammeln Sie alle abfallenden Früchte ein und entsorgen sie diese über die Biotonne. Blattläuse befallen Obstgehölze ebenfalls zahlreich, wobei die Johannisbeerblasenlaus ein besonders auffälliges Schadbild hervorruft. Es kommt zu blasenartigen Aufwölbungen an den Blättern.

Obst-Krankheiten

1 | Von Schorf befallene Früchte fangen schnell an zu faulen.

2 | Durch die Kräuselkrankheit *(Taphrina deformans)* verformte Blätter an Pfirsich

3 | Das Triebsterben bei Kirschen ist auf die *Monilia*-Spitzendürre zurückzuführen.

Obst-Schädlinge

1 | Fraßgang einer Larve des Apfelwicklers (Obstmade) in Apfelfrucht

2 | Die Rebenpockenmilbe hinterlässt pockenartige Aufwölbungen an Blättern von Weinreben.

3 | Schadbild der Johannisbeerblasenlaus

So wird mehr aus Pflanzen

Natürlich bieten Gartencenter und Pflanzenversandhandel ein reiches Pflanzenangebot, um die Pflanzenwünsche zu erfüllen, aber wer versuchsfreudig ist, Spaß am Gärtnern hat und die erforderliche Zeit dafür besitzt, kann seine Pflanzen auch selbst vermehren. Über zwei Möglichkeiten können eigene Pflanzen herangezogen werden: Durch Aussaat von Samen (generative Vermehrung, siehe S. 64) und durch die unterschiedliche Verwendung von Pflanzenteilen (vegetative Vermehrung).
Frühjahr und Frühsommer eignen sich am besten für eine Vermehrung, da die Jungpflanzen sich in der lichtreichen Jahreszeit besser entwickeln können.

Voraussetzungen

Gefäße, Geräte und Vermehrungssubstrate müssen frei von Krankheiten und Schädlingen sein. Als Mutterpflanzen dürfen nur Pflanzen dienen, die frei von Krankheiten sind. Vermehrungsmesser und Scheren sollten scharf sein, damit beim Vermehrungsschnitt keine Quetschungen verursacht werden. Entstandene größere Schnittflächen können mit Holzkohlenstaub vor Fäulnis geschützt werden.

Stecklingsvermehrung – so geht's

1 | Ausgereifte Triebe (5–15 cm lang) von der Mutterpflanze entnehmen. Zur Reduzierung der Verdunstung Blätter einkürzen. Unter dem letzten Blattknoten, an dem die Wurzelbildung stattfindet, einen waagerechten Schnitt durchführen und die Schnittfläche in ein Bewurzlungsmittel tauchen, Trieb in die Erde stecken.

2 | Nachdem die Stecklinge in ein Torf-Sand-Gemisch gesteckt wurden, kann mit Holzstäben ein Gerüst für eine Folienüberdeckung gebaut werden.

3 | Mithilfe der Folienabdeckung wird ein gutes Kleinklima (höhere Luftfeuchtigkeit) geschaffen.

↑ *Steckhölzer werden aus einjährigem Holz entnommen. Jedes Steckholz sollte eine Länge von ungefähr 20 cm aufweisen. Entscheidend ist das Vorhandensein von vier bis fünf Augen. Das Steckholz wird über dem obersten Auge gerade und unter dem untersten Auge schräg geschnitten. Dieses Schnittprinzip verhindert, das ein Steckholz verkehrt herum gesteckt wird und zum anderen erleichtert der schräge Anschnitt den Steckvorgang.*

↑ *Die Steckhölzer werden in einem Abstand von 2 bis 3 cm zueinander gesteckt. Die Stecktiefe wird dadurch bestimmt, das nur noch die obersten ein bis zwei Augen herausschauen. Aus den übrigen Knospen treiben im Vermehrungssubstrat Wurzeln. Mit der Bewurzlung kann man bereits im Winter beginnen, dann allerdings in Gefäßen und in frostfreien Räumen. Ansonsten wartet man mit dem Stecken direkt ins Gartenbeet bis zum zeitigen Frühjahr.*

Stecklinge

Als Kopfstecklinge werden die diesjährigen krautigen Triebspitzen einer Pflanze bezeichnet. Sie müssen mehrere Knoten (Nodien), an denen sich Blätter gebildet haben, und eine endständige Knospe besitzen. Über Kopfstecklinge können Oleander, Geranien und Buchsbaum gut vermehrt werden.

Bei diesjährigen krautigen Triebstücken mit mehreren beblätterten Nodien, aber ohne Endknospe, handelt es sich um Teilstecklinge. Über Teilstecklinge können zum Beispiel Fuchsien, Geranien, Efeu und Zwergmispel vermehrt werden.

Triebstecklinge, an denen beim Abreißen von der Mutterpflanze Teile der Rinde, des Wurzelstocks oder angetriebener Knollen verbleiben, werden Risslinge genannt. Bei Knollen-Begonien, Eiben und Scheinzypressen eignen sie sich zur Vermehrung.

Neben Torf, der das Wurzelwachstum fördert, können flüssige oder pulvrige Bewurzlungsmittel (Fachhandel) eingesetzt werden. Die Schnittflächen der Stecklinge sollten vor dem Stecken in diese Bewurzlungsmittel getaucht werden.

Es ist wichtig, einen schnellen Wundverschluss zu erzielen, da der Steckling erst dann neue Wurzeln bilden kann.

Für eine angepasste Temperaturgestaltung, ausreichend Feuchtigkeit, diffuse Lichtverhältnisse und eine erhöhte Luftfeuchtigkeit sorgt eine Folienabdeckung oder ein Vermehrungskastens.

Steckhölzer

Ein Steckholz ist ein meist einjähriger, ausgereifter, blattloser und verholzter Triebstock von 15 bis 30 cm

Länge mit mindestens drei Augen, besser vier oder fünf. Am untersten Auge erfolgt die Wurzelbildung. Steckhölzer werden im ausgereiften Zustand, von Spätherbst bis Wintereintritt, geschnitten und in der Regel in einem frostfreien Raum, in Sand eingeschlagen, bis zum Stecken im Februar aufbewahrt.

Teilung

Der Wurzelballen der Pflanze wird im Frühjahr oder im Herbst vor einer Umpflanzung mit der Hand, wenn erforderlich mit einem Spaten oder einer Grabegabel geteilt. Jedes geteilte Wurzelstück, aus dem sich eine neue Pflanze entwickeln soll, muss mindestens ein austriebsfähiges Auge besitzen. Die Teilung eignet sich beispielsweise für Pfingstrosen, Rittersporn, Lilien, Dahlien und viele Kräuter.

↑ *Erdbeeren entwickeln zur Vermehrung Triebe, an deren Ende Jungpflanzen entstehen. Man kann diese Triebe mit den Jungpflanzen auf mit Substrat gefüllte Gefäße legen oder im Beet einwurzeln lassen.*

Stauden teilen Schritt für Schritt

Das Teilen von Pflanzen ist die schnellste Methode, um zu neuen und schönen Pflanzen zu kommen.

1 | Die Stauden werden mit der Grabegabel, ohne den Wurzelstock zu beschädigen, komplett ausgehoben. Der Wurzelstock wird auf einer ebene Arbeitsfläche abgelegt.

2 | Der Wurzelstock wird auseinandergezogen oder -gestochen und einzeln wieder eingepflanzt.

Ableger

Bei Johannisbeeren und Geißblatt lassen sich Triebe des Vorjahres im Frühjahr, bevor sie austreiben, in flache Rinnen legen und mit Erde bedecken. An den Blattknoten, den Nodien, erfolgt die Wurzelbildung und aus den Blattachseln entsteht der Neuaustrieb der neuen Pflanze, die nach ausreichender Wurzelbildung von der Mutterpflanze getrennt und eingepflanzt werden kann.

Ausläufer

Bei Erdbeeren und Steinbrechgewächsen entstehen an den Triebspitzen Jungpflanzen, die bei entsprechender Größe von der Mutterpflanze getrennt und in eigenen Töpfen ider auch direkt im Beet weiterkultiviert werden können (siehe Bild oben).

Absenker

Einige Pflanzen, z. B. Kletter-Hortensien, Zwergmispel, Forsythie, Liguster, Hartriegel, können über sogenannte Absenker vermehrt werden (siehe rechts). Hier wird ein Trieb der Mutterpflanze bogenförmig in den Boden eingegraben, wobei die Triebsspitze nach oben aus dem Boden zeigt. Ein Längsschnitt an der Bogenaußenseite fördert die Wurzelbildung.

Wurzelschnittlinge

Mohn, Tränendes Herz, Anemone und Meerrettich können über sogenannte Wurzelschnittlinge, bleistiftstarke 6 bis 8 cm lange Wurzelstücke, vermehrt werden. Zur Wurzelschnittgewinnung werden die Wurzeln der Mutterpflanze mit Wasser ausgespült. Wurzelschnittlinge werden von Januar bis März entnommen und in Vermehrungssubstrat gesteckt.

Brutzwiebeln und -knollen

Bei Tulpen, Hyazinthen und Lilien entsteht die sogenannte Zwiebelbrut innerhalb einer Vegetationsperiode am Zwiebelboden und ist nach dem Einziehen des Laubes im Frühsommer oder Sommer zu entnehmen und neu zu legen. Brutknollen bilden sich z. B. bei Gladiolen, Freesien und Krokussen an der Basis der Mutterknolle. Sie werden am Ende der Ruhezeit im zeitigen Frühjahr abgetrennt und ausgepflanzt.

Rhizome

Bei Rhizomen handelt es sich um Erdsprosse, unterirdische Pflanzenteile mit Wurzeln und Triebknospen, aus denen die oberirdischen Sprosse hervorgehen. Über Rhizome können Iris, Seerose, Maiglöckchen und Rhabarber vermehrt werden.

Absenker – so geht's

Bei einigen Pflanzen kann man Jungpflanzen gewinnen, indem man die Triebe der Mutterpflanze in den Boden einsenkt.

1 | Der ausgewählte Trieb wird mit einem Zungenschnitt, einem Längsschnitt an der Außenbiegung, zur Wurzelbildung angeregt.

2 | Das Triebstück, an dem sich die Wurzeln bilden sollen, wird in einem flachen Aushub mit einem Drahthaken befestigt. Der Aushub wird wieder mit Erde gefüllt.

3 | Die Sprossspitze, die spätere Jungpflanze, wird an einem Stab befestigt, der den Vermehrungsvorgang vor Störungen im täglichen Pflegeprozess schützt.

4 | Wenn erkennbar ist, das ausreichend Wurzeln gebildet sind, kann der bewurzelte Absenker mit dem Spaten von der Mutterpflanze getrennt werden.

5 | Nach dem Einkürzen der Wurzeln kann die kleine Pflanze ausgepflanzt werden.

So reagiert ein Baum auf Schnitt

1 | Bei einem starken Rückschnitt treiben die wenigen verbleibenden Knospen stark aus. Unerlässlich ist, ebenso wie beim Pflanzschnitt, die Einhaltung einer gleichen Schnittebene der Seitentriebe. Die Spitze sollte diese Ebene etwa um eine Scherenlänge überragen.

2 | Ein schwacher Rückschnitt führt zu vielen, aber schwachen Austrieben. Mit diesen schwachen Trieben kann kein geeignetes Kronengerüst aufgebaut werden. Die an der Triebbasis ohnehin verringerte Austriebwilligkeit der Knospen fördert eine Verkahlung der unteren Kronenteile. Der Fehler kann nur durch einen erneuten und stärkeren Rückschnitt mit einem Jahr Zeitverlust ausgeglichen werden.

3 | Wird in einer Krone zugleich stark und schwach geschnitten, dann kommt es zu einer Umkehr der vorhergenannten Erscheinungen: Der schwach geschnittene Trieb treibt stark auf Kosten des stark geschnittenen Triebs aus. Damit entsteht bereits zu Beginn der Erziehungsphase der Ansatz für eine einseitige Krone.

Grundlagen des Gehölzschnitts

Der Schnitt der Obstgehölze hat den Zweck, möglichst schnell gute Ernten zu erzielen, d. h. über viele Jahre hochwertige Früchte in angemessener Menge. Gleichzeitig kann in bestimmtem Maße eine Anpassung des Gehölzes an den verfügbaren Platz erfolgen. Der Schnitt unterliegt Gesetzmäßigkeiten, die sich aus Obstart, -sorte, Alter, Baumform, Standort, Pflegemaßnahmen sowie dem zeitlichen Abstand von Schnitt und Neuaustrieb ergeben. Es ist nützlich, aufzuschreiben, wie sich ein Baum nach dem Schnitt entwickelt hat. Auf jeden Fall sollte vor dem Schnitt der Zustand des Gehölzes (Gesundheit, Alter, Wachstum in der zurückliegenden Vegetationsperiode) beurteilt werden.

Pflanzschnitt

Nach der Pflanzung muss der Pflanzschnitt erfolgen. Mit ihm wird die Grundform der späteren Krone bestimmt. Alle Konkurrenztriebe des Mitteltriebs und steil nach oben wachsende Zweige an den Seitenästen werden entfernt. Alle zu steil stehenden späteren Leitäste bindet man flach herunter.

Erziehungsschnitt

Im zweiten Standjahr beginnt der Erziehungsschnitt. Er dient der Kronengestaltung unter Berücksichtigung

↑ *Ein abgetragener Fruchtast, erkennbar an der unter die Horizontale gerichteten Stellung, wird bis auf einen kleinen Stummel entfernt. An dieser Stelle kann ein neuer Austrieb erwartet werden.*

Die Grundschnitte

1 | Entfernen ganzer Äste: Diese Maßnahme bewirkt nur schwache Neutriebbildung.

2 | Absetzen: Zu steil stehende Triebe im Außenbereich der Kronen werden an der Basis entfernt. Folge: Verstärkte Blütenknospenbildung an den Seitenästen.

3 | Einkürzen: Ein- oder mehrjährige Triebe werden verkürzt. Folge: Starker Austrieb meist mehrerer Augen nahe der Schnittstelle.

! Fehler vermeiden!

Beim richtigen Schnitt auf Knospe (siehe Bild) wird die Schere gegenüber der Knospe angesetzt. Die Schnittführung muss sichern, dass eine möglichst kleine, etwas schräg geneigte Schnittfläche mit ihrer Oberkante an der Knospenspitze abschließt.

Höherer Schnitt führt zu trockenen, zu Pilzinfektionen neigenden Aststummeln, tieferer Schnitt zu austrocknenden Knospen.

Temperaturen unter –5° C führen zu unsauberen Schnittstellen. Schnittwunden über 2 cm Durchmesser sind mit handelsüblichem Baumwachs zu versiegeln.

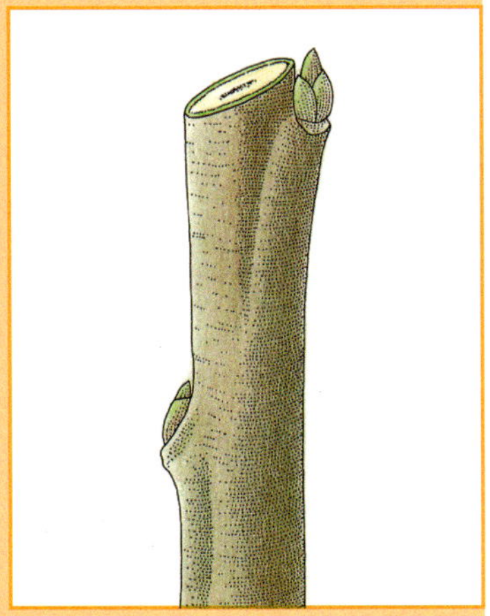

der Baumform und kann sich über mehrere Jahre erstrecken. So wird zum Beispiel eine Spindel, eine naturgemäße Krone oder auch ein Spalier geformt. Mit Ausnahme des Spaliers, muss stets eine Astrangordnung gesichert werden. Am besten erreicht man diese durch eine Pyramidenform des Gehölzes insgesamt sowie auch an den Hauptästen der Krone, den sogenannten Leitästen. Fruchtäste haben sich ebenfalls unterzuordnen. Wird dieser Grundsatz nicht eingehalten, führt dies zum Überbauen der Krone (pilzförmige Ausbildung) und zur Beschattung der unteren Äste. Generell ist darauf zu achten, dass alle Zweige eher horizontal ausgerichtet sind, es dürfen keine Triebe steil nach oben wachsen. Die Schnittarbeit kann durch Formieren, also durch das Ausrichten von Trieben in die gewünschte eher horizontale Position (Herunterbinden), unterstützt werden. Jede Korrektur durch Formieren ist einem Schnitt vorzuziehen.

Instandhaltung der Krone

Im Verlaufe des Ertragsstadiums erfolgt der Instandhaltungsschnitt. Er hilft, ein leistungsfähiges Kronengerüst zu erhalten. Zunächst ist darauf zu achten, dass die Krone nicht zu dicht wird. Damit ausreichend Licht in das Kroneninnere gelangt und eine gute Durchlüftung erfolgt, sind alle Zweige, die sich kreuzen oder nach innen wachsen, zu entfernen.
Das Hauptaugenmerk ist jetzt darauf zu richten, dass ein ausgewogenes Verhältnis zwischen Wachstum und Ertrag erhalten wird, indem ältere Fruchtäste herausgenommen werden. Dadurch wirkt man auch zugleich einer Verkahlung des Baums entgegen. Idealerweise ist zu je einem Viertel ein-, zwei-, drei- und vierjähriges Fruchtholz vorhanden. Älteres Fruchtholz wird entfernt, um einen Neuaustrieb anzuregen.
Das gilt übrigens auch bei Johannisbeer- und Stachel-

↑ *Ein Johannisbeerstrauch sollte an der Basis nicht mehr als zwölf Triebe zählen. Triebe, die älter als vier Jahre sind, werden an der Basis entfernt. Neue überzählige, schwache Austriebe werden herausgeschnitten.*

↓ *Hochstamm: Die Bodenfreiheit beträgt 1,80 bis 2,20 m. Alle darunterliegenden Triebe werden entfernt. Drei bis vier der stärksten Triebe, möglichst gleichmäßig um den Stamm verteilt, werden als zukünftige Leitäste (B) ausgewählt. Der Triebansatz soll eine Streuung (nicht auf gleicher Höhe stehend) aufweisen. Die Schnittebene der Triebe muss waagerecht liegen. Der dem Mitteltrieb (A) am nächsten stehende Seitentrieb, der sogenannte Konkurrenztrieb (C), muss entfernt werden.*

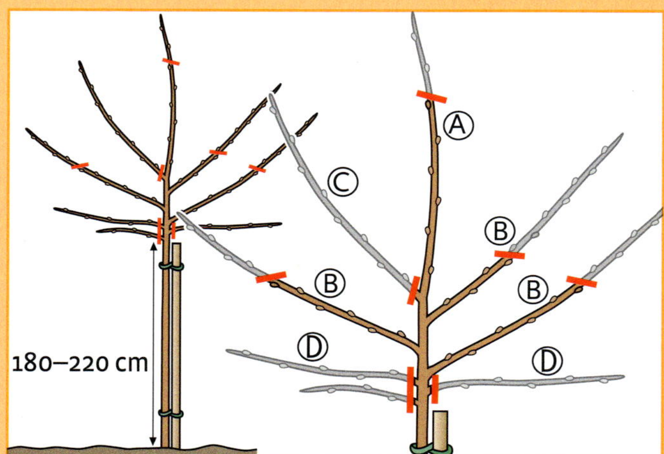

↓ *Spindel: Bei einer Bodenfreiheit von 50 cm werden bis zu einer Höhe von 2,5 m rund um den Stamm (A) etwa 15 fast horizontal stehende, bis zu 60 cm lange Seitenäste (B) in Pyramidenform erzogen.*

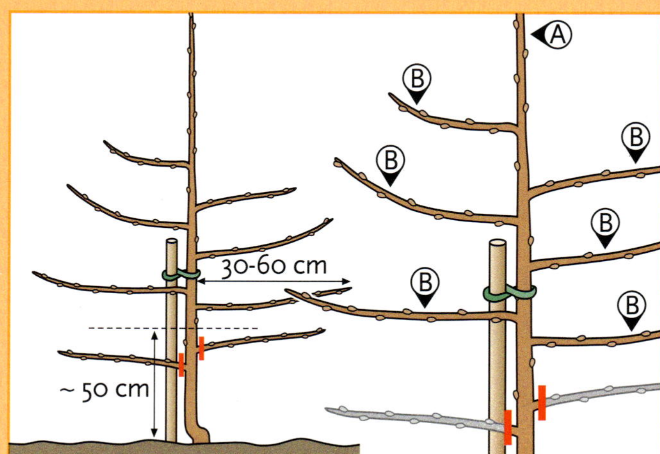

So wird ein alter Baum verjüngt

Ein Rückschnitt in mehrjähriges Holz hat einen verstärkten Neuaustrieb zur Folge.

1 | Wird ein Baum jahrelang nicht geschnitten, entsteht durch Wasserschosse im oberen Kronenbereich eine verwilderte und unproduktive Krone.

2 | Durch Auslichten, Einkürzen und Entfernen alter Fruchtäste erreicht man eine lockere Krone.

beersträuchern. Wenn die Altersgrenze von vier Jahren überschritten wird, hat das qualitativ schlechtere Früchte zur Folge. Entstehende Wasserschosse dürfen nicht unbesehen senkrecht in die Höhe wachsen, sondern sind teilweise zu entfernen. Die verbleibenden werden durch Formieren in das Kronengerüst eingebaut.

Auslichten und Verjüngen

Bei größeren Baumkronen genügt in der Regel eine jährliche Durchsicht und ein stärkeres Auslichten in größeren Abständen. Gesunde alte Bäume werden bei deutlichem Rückgang von Wuchs- und Ertragsleistung sowie einsetzender Verkahlung verjüngt, am besten in zwei Schritten: Im ersten Jahr wird ausgelichtet, im folgenden Jahr werden die Stammspitze und die Leitäste unter Beibehaltung der Pyramidenform um mindestens ein Drittel eingekürzt. Der Neuaustrieb wird zum Aufbau eines neuen Kronengerüstes genutzt.

Schnittzeitpunkt

Obstbäume können ganzjährig geschnitten werden. Ein Sommerschnitt beruhigt das Wachstum, was von Vorteil für die Fruchtbildung ist, ein Winterschnitt fördert neue Austriebe, was in der Regel nur bei sehr schwachwüchsigen oder alten Bäumen erwünscht ist. Der Sommerschnitt nach der Ernte erleichtert dem Anfänger die Entscheidung, an welcher Stelle der Schnitt auszuführen ist, da die Belaubung zu dicht stehende Kronenbereiche verrät. Außerdem ist eine schnelle Wundverheilung gewährleistet. Dies ist ab Herbst nicht gegeben und erst wieder ab Februar/März vor Austriebsbeginn gesichert (nicht unter –5 °C).

Beerensträucher richtig schneiden

Der Schnitt von Beerenobst ist wegen des Wegfalls eines Kronengerüstes einfach (Ausnahme: Hochstämmchen): Abgetragenes Holz wird über dem Boden abgeschnitten.

1 | Bei Brombeeren werden wegen besserer Fruchtreife und leichterer Ernte zweijährige Fruchtruten und nachwachsende Ruten am Spalier getrennt. Abgeerntete Triebe sind bodennah abzuschneiden.

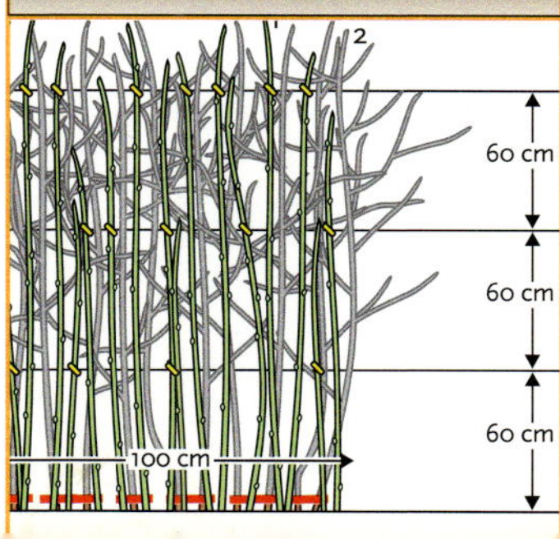

2 | Bei Himbeeren schneidet man abgetragene Ruten (2) bodennah ab. Pro laufendem Meter stehen 10 neue Ruten.

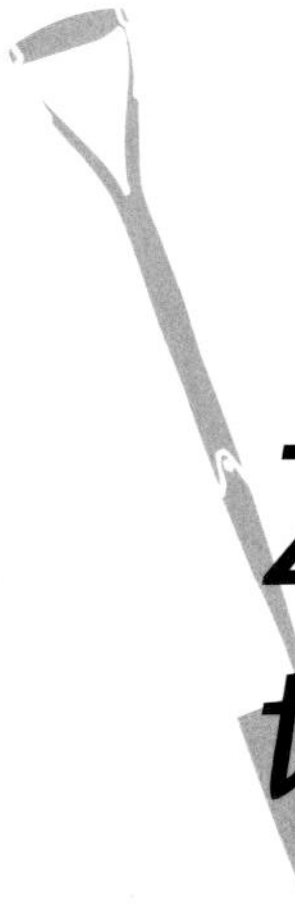

Ziergehölze richtig schneiden

Wie bei den Obstgehölzen (siehe S. 98–101) wird auch bei den Ziergehölzen durch Schnitt Einfluss auf Wachstum und Gestalt der Pflanzen genommen. Im Wesentlichen gelten bei den Ziergehölzen die gleichen Grundlagen wie bei den Obstgehölzen. In der Tabelle finden Sie eine Aufteilung häufiger Ziergehölze in verschiedene Schnittgruppen.

Werden Gehölze, die eigentlich einen Schnitt benötigen, nicht geschnitten und auch nicht ausgelichtet, so vergreisen sie mit der Zeit. Sie bilden kein junges Holz mehr und immer weniger Blüten.

Die Rose – das Lieblingsgehölz der Kleingärtner

Die moderne öfterblühende Strauchrose will wie folgt geschnitten werden: Bei der Pflanzung wird beschädigtes und nicht ausgereiftes Holz zurückgeschnitten. Die Entwicklung kräftiger Austriebe kann durch einen Rückschnitt im Spätwinter oder zu Frühjahrsbeginn angeregt werden. Erfolgt der Rückschnitt auf etwa 15 cm Höhe, und zwar auf ein nach außen zeigendes Auge, verbleiben zwei bis vier Augen, die einen ausreichenden Neuaustrieb sichern. Vor Eintritt des Win-

Schnittgruppen bei Ziergehölzen

SCHNITTZEITPUNKT	SCHNITTMASSNAHMEN	GEHÖLZE UND BESONDERHEITEN
Winterschnitt	Gehölze, die am einjährigen Holz blühen, von Dezember bis März bis auf die Basis zurückschneiden, 1–2 Augen des vorjährigen Triebs stehen lassen. Ältere Gehölze alle 2–3 Jahre verjüngen.	◆ Sommerflieder *(Buddleja davidii):* bei Einzelstand ◆ Besenheide *(Calluna vulgaris):* jährlicher Rückschnitt verhindert Verkahlung ◆ Deutzie (*Deutzia*-Arten): auslichten, kräftiger Rückschnitt fördert buschigen Wuchs ◆ Ginster (*Genista*-Arten): scharfer Rück- bzw. Auslichtungsschnitt ◆ Eibisch *(Hibiscus syriacus):* starker Rückschnitt fördert üppige Blüte ◆ Bauern-Hortensie *(Hydrangea macrophylla):* auslichten, verjüngen ◆ Winter-Jasmin *(Jasminum nudiflorum)* ◆ Geißblatt (*Lonicera*-Arten): regelmäßiger Verjüngungsschnitt ◆ Fingerstrauch *(Potentilla fruticosa)* ◆ Spiere *(Spiraea japonica):* flächig schneiden
Schnitt im Frühjahr nach der Blüte	Abgeblühte Triebe nach der Blüte stark zurückschneiden.	◆ Forsythien (*Forsythia*-Arten): abgeblühte Zweige stark zurückschneiden ◆ Mandelbaum *(Prunus triloba):* jährlicher Rückschnitt auf 4–5 Augen
Sommerschnitt	Für eine verlängerte oder zusätzliche Blüte Hauptblüte nach dem Verblühen entfernen. Hecken ebenfalls im Sommer schneiden.	◆ Berberitze *(Berberis thunbergii):* starker Rückschnitt bei Hecken für starken Austrieb und Formgebung ◆ Lavendel *(Lavandula angustifolia):* schwacher Rückschnitt nach erster Blüte im Juli für Herbstblüte ◆ Liguster (*Ligustrum*-Arten): zwei Formschnitte im Jahr bei Hecken ◆ Glyzine *(Wisteria sinensis):* Einkürzen junger Triebe, um Verkahlung zu verhindern
Kein Rückschnitt, nur Korrektur- und Formschnitte	Nur abgestorbene und kranke sowie zu dicht stehende Äste entfernen.	◆ Zaubernuss (*Hamamelis*-Arten) ◆ Berglorbeer *(Kalmia latifolia)* ◆ Strauch-Pfingstrose *(Paeonia suffruticosa)* ◆ Rhododendron (*Rhododendron*-Arten) ◆ Koniferen: bei jungen Hecken dominanten Mitteltrieb bei Erreichung der gewünschten Heckenhöhe stutzen, bei alten Bäumen nur totes Holz entfernen

↑ *In bequemer Körperhaltung und im unbeblätterten Zustand des Strauchs kann man die erforderlichen Schnittstellen leicht ermitteln und die Schnittmaßnahmen durchführen.*

↑ *Bei einem Verjüngungsschnitt schneidet man die Strauchkrone im ersten Jahr auf 30 bis 50 cm zurück. Im zweiten Jahr nimmt man überzählige neue Triebe heraus und schneidet die neuen Gerüstäste zurück.*

↓ *Hecken verjüngen: Im ersten Jahr nimmt man die Äste der einen Seite bis auf kurze Stummel zurück, die andere Seite wird leicht zurückgeschnitten. Im zweiten Jahr wird die zweite Seite stark zurückgeschnitten.*

ters ist es angebracht, nicht ausgereifte Triebe zu entfernen und Triebe, die bereits Blüten getragen haben, bis kurz unter den Blütenansatz zurückzuschneiden. In durch Wind gefährdeten Lagen sollten die Triebe um ein Drittel gekürzt werden. Nach abgeschlossenem Grundschnitt, werden die verbleibenden Triebe auf 20 bis 25 cm zurückgenommen, schwache Triebe werden dabei stärker zurückgeschnitten als stärkere Triebe. Durch diesen differenzierten Rückschnitt wird Einfluss auf die Triebstärken genommen. Beim jährlichen Rückschnitt sind alte Triebe aus der Pflanze zu entfernen. Um den mehrmaligen Blütenflor der Rosen genießen zu können, muss man die Pflanzen im Sommer daran hindern, Früchte auszubilden, das heißt, dass die Blüten nach dem Abblühen entfernt werden und somit keinen Samen ansetzen können. Die Samenbildung würde zu viel Energie fordern, was auf Kosten eines Neuaustriebes geht.

Ernten und genießen

Gemüse – lieber zu früh

Bei Gemüse wird die Erntereife von verschiedenen Merkmalen angezeigt, unter anderem der Festigkeit des Kopfes (Salat, Kopfkohl), der Größe (Radies, Rettich, Möhre, Zwiebel, Sellerie, Kohlrabi, Gurke, Erbse, Bohne) und der Farbe (Tomate, Blumenkohl, Spargel, Paprika). Es ist immer besser, etwas zu früh als zu spät zu ernten. Einsetzendes Schossen, Platzen, Holzig-/Pelzigwerden sind sichere Zeichen für Überständigkeit.

Das Fruchtaroma entscheidet

Weichobst, das ist Stein- und Beerenobst, erreicht die Genussreife bereits am Baum oder Strauch. Die Früchte nehmen dann die für sie typische Färbung an, sind weich, saftig, aromatisch und süß. Himbeeren und Brombeeren müssen sich leicht vom Kelch lösen lassen. Erdbeeren schmecken erst richtig bei Vollreife. Eine Kostprobe signalisiert den besten Erntezeitpunkt. Kernobst erreicht seine volle Genussreife erst nach kürzerer (Birne) oder längerer Lagerung (Apfel). Pflückreife besteht, wenn sich – neben der sortentypischen Ausfärbung – der Fruchtstiel leicht vom Fruchtholz trennen lässt.

Tipp: **Kräuter – frischer Genuss den ganzen Sommer**

Die Blätter der meisten Kräuter können während der gesamten Vegetationszeit gepflückt und frisch verwendet werden.

Petersilie (siehe Bild) wird ab März ausgesät. Über den Winter schützt eine Reisigdecke, die auch das Ernten bei Schnee ermöglicht. Petersilie ist zweijährig, die Ernte erfolgt im gesamten ersten Jahr. Im zweiten Jahr bildet sie dekorative Blüten, ihre Blätter sind dann ungenießbar.

Die zerkleinerten Blätter werden frisch verwendet, nicht mitgekocht. Man kann sie auch trocknen oder einfrieren.

↓ *Wer einen solchen bunten Gemüsekorb aus eigenem Anbau füllen kann, ist bereits ein Könner. Neun Arten auf einen Streich, davon drei für den sofortigen Verzehr als Rohkost.*

Reifezeiten der wichtigsten Obstarten

(nach Götz, 1989)

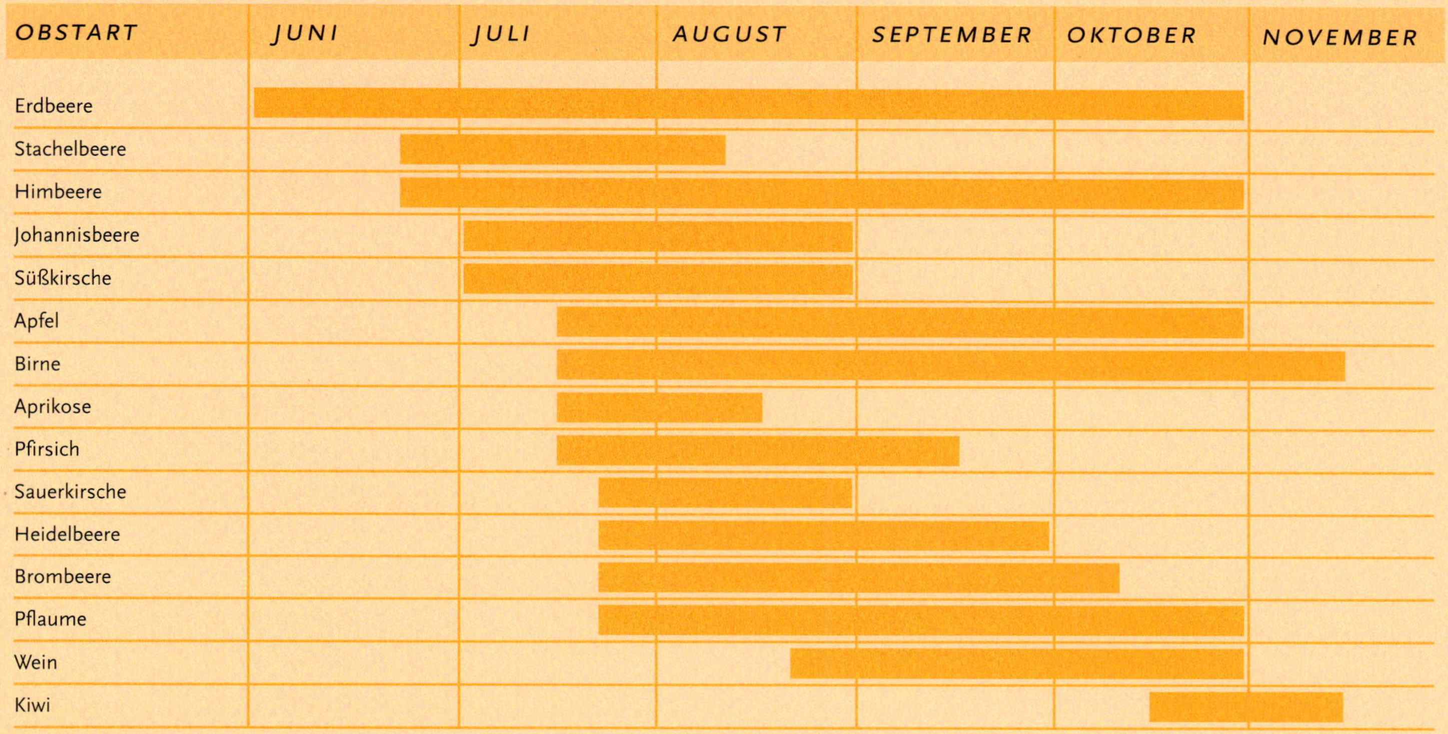

↓ *Pflückreife besteht dann, wenn sich die Frucht mit einer leichten Kippbewegung – der Mittelfinger drückt dabei gegen den Stielansatz – leicht löst. Es muss mit Stiel gepflückt werden.*

Tipp: Kleine Geschenke aus der eigenen Küche

- Aus geernteten Früchten lassen sich Konserven, Marmeladen, Gelees und Säfte herstellen.
- Nur reifes Obst und Gemüse bester Beschaffenheit verwenden, so frisch wie möglich verarbeiten.
- Nur so viel ernten, wie an einem Tag verwertet wird.
- Auf größte Sauberkeit achten.
- Vorgeschriebene Mengen nach Rezept abwiegen, nicht schätzen.
- Konserve beschriften, Herstellungsdatum nicht vergessen.
- Hochprozentiges (Rum etc.) immer erst nach dem Erhitzen der Fruchtmasse beigeben.

Stauden

DEUTSCHER NAME BOTANISCHER NAME	BLÜTE	BLÜTEZEIT (MONATE)	STANDORT	WUCHS	PFLEGE	BESONDERHEIT
 **Herbst-Astern** *Aster novae-angliae* (Bild), *Aster novi-belgii*	weiß, rosa, rot, violett, blau	VII–X	sonnig; durchlässige Gartenböden mit hohem Nährstoffgehalt	aufrecht buschig, 80–150 cm hoch; horstbildend	Bodentrockenheit vermeiden; Rückschnitt im späten Herbst oder zeitigen Frühjahr	locken Bienen und andere Insekten in den Garten
 **Garten-Chrysantheme** *Chrysanthemum*-Hybriden	weiß, gelb, rosa, rot	VIII–XI	sonnig; humose Gartenböden, Beete, Rabatten	aufrecht, mehrtriebig, 40–80 cm hoch	im Sommer 1–2 mal stutzen zur Kräftigung der Pflanze; ab und zu düngen	lange Blütezeit bis zum Frosteintritt
 **Rittersporn** *Delphinium* x *cultorum*	blaue und rote Farbtöne, auch gemischt	VI–VII, IX–X	sonnig; humose Gartenböden, Beete, Rabatten	aufrechte, 120–200 cm hohe Solitärstaude	Vermehrung im Frühjahr durch Teilung; nach der Blüte auf 10 cm zurückschneiden	Achtung: Frische Austriebe werden gern von Schnecken gefressen
 **Tränendes Herz** *Dicentra spectabilis*	weiß, rosa	V–VI	halbschattig; humose Böden, Gehölzrand, Beete, Rabatten, Steingärten	bis 70 cm hohe, langstielige Solitärstaude	Vermehrung durch Teilung; Pflanzung etwas höher, als sie vorher gestanden haben	Trockenheit und Wurzelverletzungen vermeiden
 **Feinstrahlaster** *Erigeron*-Hybriden	weiß, rosa, lila, violett	VI–VII, IX	sonnig; humose, nährstoffreiche Böden, Beete, Rabatten	40–70 cm hoch, aufrecht, dichte Bestände	Teilung im Herbst, Volldüngung im Frühjahr, Blütenrückschnitt für neue Blüten	Feinstrahlastern nicht nach Astern pflanzen
 **Schleierkraut** *Gypsophila repens* (Bild), *Gypsophila paniculata*	weiß, rosa, pink	V–VIII	sonnig; sandige, durchlässige Böden; Mauern, Fugen, Beete und Rabatten	vielgestaltig, 30–130 cm hoch, braucht viel Platz	pflegeleicht; wenig gießen; Vermehrung durch Aussaat, Stecklinge	eignet sich als Trockenblume
 **Taglilien** *Hemerocallis*	weiß, gelb, orange, rosa, rot, braun, auch mehrfarbig	VI–IX	sonnig; sandige, humose Gartenböden	breit buschig bis überhängend, 50–110 cm hoch	hoher Nährstoffbedarf; Verblühtes regelmäßig entfernen; Vermehrung durch Teilung im Frühjahr	mehr als 10 000 Sorten
 **Hohe Bart-Iris** *Iris barbata elatior*	weiß, gelb, dunkelrot, blau	V–VI	sonnig; leichte, durchlässige Erde, keine stauende Nässe	60–100 cm hoch, aufrecht wachsend, horstbildend	Herbstpflanzung, Vermehrung durch Teilung; bei Trockenheit nicht gießen	ziehen Nacktschnecken an; anfällig für Krankheiten und Schädlinge

Stauden

DEUTSCHER NAME BOTANISCHER NAME	BLÜTE	BLÜTEZEIT (MONATE)	STANDORT	WUCHS	PFLEGE	BESONDERHEIT
 **Sommer-Margerite** *Leucanthemum* x *superbum*	weiß	VI–X	sonnig; humose Gartenerde, Beete, Rabatten	30–100 cm hoch, bis 15 cm große Blütenköpfe	Vermehrung durch Teilung; mehrmaliges Entspitzen für höheren Blütenanteil	gut in Kombination mit andersfarbigen Prachtstauden
 **Lupinen** *Lupinus-Polyphyllus-*Hybriden	gelb, rosa, rot, violett, blau-weiß	VI–VII, IX	vollsonnig bis halbschattig; lockerer, humoser Boden; Beete, Rabatten	80–150 cm hoch, anfangs aufrecht, später ausladend	rechtzeitig stützen; Vermehrung durch Teilung; neuer Blütenflor nach Rückschnitt	Lupinenanbau dient auch der Bodenverbesserung
 **Malven** *Malva moschata* (Bild), *Malva alcea*	weiß, rosa	VI–IX	sonnig bis halbschattig; nährstoffreiche Böden	60–200 cm hoch, Blüten in dichten Büscheln	pflegeleicht; Vermehrung durch Aussaat und Teilung	schneller Wuchs, eignet sich zum Sichtschutz
 **Edel-Pfingstrose** *Paeonia-Lactiflora-*Hybriden	weiß, rosa, rot	VI	sonnig; schwere Lehm- oder Tonböden, gute Nährstoffversorgung, Beete, Rabatten	70–100 cm hoch, braucht 1 m² Platz	frühestens nach 5 Jahren teilen; nach der Blüte Volldünger geben; im Frühjahr feucht halten.	gut als Schnittblume, wenn sie knospig geschnitten werden
 **Türken-Mohn** *Papaver orientale*	weiß, orange, rosa, rot	V–VI	sonnig; durchlässige, kalkhaltige Böden, nicht zu nährstoffhaltig; Beete, Rabatten	80–120 cm hoch, aufrecht	pflegeleicht; nach der Blüte Verwelktes zurückscheiden; Vermehrung durch Wurzelstecklinge	nicht krankheitsanfällig; schön in größeren Gruppen
 **Phlox, Flammenblume** *Phlox-*Arten	weiß, orange, hellrosa, rot, violett	VI–VII, VII–IX	sonnig und warm; durchlässige, nährstoffreiche Böden; Beete, Rabatten, Steingärten	50–120 cm hoch, aufrecht	nach Blüte zurückschneiden; durch Teilung verjüngen; kräftiger Rückschnitt für Nachblüte	sehr langlebig
 **Sonnenhut** *Rudbeckia fulgida* var. *sullivantii* 'Goldsturm'	gelb	VII–X	sonnig; ständig gut durchfeuchtete Böden; Beete, Rabatten	40–100 cm hoch, buschiger Wuchs	Rückschnitt im Spätherbst; Vermehrung/Verjüngung durch Teilung alle 4–5 Jahre	besonders gut als Leitstaude geeignet
 **Yucca** *Yucca-*Arten (Bild: *Yucca filamentosa*)	weiß	VII–IX	sonnig, warm, luftig, im Sommer ausreichend Trockenheit; sandig-lehmige Gartenerde, Steingärten	100–200 cm hoch, aufrechte Blütenstiele	pflegeleicht, Vermehrung durch durch Aussaat und Teilung.	imposant; auch als Kübelpflanze

Zwiebel- und Knollenpflanzen

DEUTSCHER NAME BOTANISCHER NAME	BLÜTE	BLÜTEZEIT (MONATE)	STANDORT	HÖHE IN CM	PFLANZZEIT PFLANZTIEFE	PFLEGE
 **Gold-Lauch** *Allium moly*	leuchtend gelb	V–VI	sonnig, halbschattig; durchlässige Gartenböden	15–25	Herbst 5–10 cm	hübsch in kleinen Gruppen; auch für Steingärten; Winterschutz in kalten Gegenden
 **Krokus** *Crocus*-Hybriden	weiß, gelb, violett, blau	II–IV	sonnig; durchlässige Gartenböden	10–15	Spätsommer bis Frühherbst 5–10 cm	bei Rasenpflanzung Rasen erst mähen, wenn Blätter gelb sind
 **Dahlien** *Dahlia*-Cultivars	weiß, gelb, orange, rosa, rot, violett, gefüllt, ungefüllt	VII–X	sonnig; durchlässige Gartenböden, keine Staunässe	60–130	Frühjahr nach den letzten Frösten 10–15 cm	hohe Sorten stützen, Verblühtes entfernen; frostfreie, luftige Überwinterung (5 °C)
 **Gladiole** *Gladiolus*-Hybriden	weiß, gelb, orange, rosa, rot, violett	VII–IX	sonnig, windgeschützt; durchlässige Gartenböden	50–150	Anfang Mai 10–15 cm	frostfreie, luftige, trockene Überwinterung; hohe Pflanzen stützen; für Vasenschnitt geeignet
 **Hyazinthe** *Hyacinthus orientalis*	weiß, rosa, rot, violett, blau	IV–V	sonnig, halbschattig; durchlässige Gartenböden	20–30	Herbst 10 cm	Schutz vor strengem Frost und Winternässe durch Reisig
 **Lilien** *Lilium*-Hyriden	weiß, gelb, orange, rosa, rot, auch mehrfarbig	VI–IX	sonnig windgeschützt; durchlässige Gartenböden, keine Staunässe	30–150	Spätsommer bis Herbst 10–15 cm	Verblühtes entfernen; Schutz vor Spätfrost, Wühlmäusen, Schnecken; hohe Sorten stützen
 **Narzissen** *Narcissus*-Hybriden	weiß, gelb, orange, auch mehrfarbig, gefüllt, ungefüllt, viele Formen	III–V	sonnig; durchlässige Gartenböden	bis 70	Spätsommer 10–15 cm	Verblühtes entfernen, aber Laub stehen lassen, bis die Pflanze eingezogen ist
 **Tulpen** *Tulipa*-Hybriden	weiß, gelb, orange, rosa, rot, violett, auch mehrfarbig	IV–VI	sonnig; mäßig trockene bis frische Gartenböden	30–60	Spätsommer bis Herbst 10 bis 15 cm	Verblühtes entfernen, aber Laub stehen lassen, bis die Pflanze eingezogen ist

Sommerblumen

DEUTSCHER NAME BOTANISCHER NAME	BLÜTE	BLÜTEZEIT (MONATE)	STANDORT	WUCHS	PFLEGE	BESONDERHEIT
 **Fuchsschwanz** *Amaranthus caudatus*	weinrot, später verblassend	VII–X	sonnig; normaler Gartenboden	aufrecht, 30–40 cm hoch, Blütenrispen hängend	vorkultivierte Pflanzen mit Topfballen setzen	schöne Blütenstände, Zierde im Garten und in der Vase
 **Löwenmaul** *Antirrhinum majus*	weiß, gelb, rot und Zwischenfarben	VI–IX	sonnig; nährstoffreiche Erde	locker, aufrecht, verzweigt	Jungpflanzen mit Ballen setzen, auch Aussaat an Ort und Stelle	beliebte Schnittblume für Vase; auch Zwergformen
 **Ringelblume** *Calendula officinalis*	gelb, goldgelb, orange	VI–X	sonnig, warm; keine besonderen Bodenansprüche	buschig, breit, viel Blattwerk und wenig Blüten bei zu viel Düngung	Aussaat an Ort und Stelle, auch Vorkultur im Topf	Schnittblume, faszinierende Blüten; Heilpflanze (bei Entzündungen als Salbe, Tee)
 **Sonnenblume** *Helianthus annuus*	gelb, goldgelb, rotbraun	VII–X	sonnig; keine besonderen Bodenansprüche	einstielig, auch mehrtriebige Sorten	Aussaat im Mai an Ort und Stelle oder mit Topfballen pflanzen	große Sortenvielfalt, dekorative Pracht des Gartens im Spätsommer
 **Duft-Wicke** *Lathyrus odoratus*	Pastell-Farbtöne: Blau, Rot, Rosa, Violett, Weiß, kein Gelb	VI–X	sonnig; lockerer Boden, gute Gartenerde	flächig am Boden oder rankend an Zaun oder Rankgerüst	Aussaat an Ort und Stelle, auch in Töpfen vorkultivieren	bezaubert durch Duft und Farbe, Schnittblume, für kleine Vasen
 **Studentenblume** *Tagetes patula* (Bild), *Tagetes erecta*	gelb, orange, rot, bronze, braun	VII–X	sonnig; durchlässiger Boden, auch im Topf	Sortenunterschiede, buschig, breit, hoch, Fläche schließend	als Jungpflanze setzen, mit Topfballen, wenig gießen	Beet- und Balkonpflanze, Schnittblume, Problem: Schnecken
 **Stiefmütterchen** *Viola x wittrockiana*	Farbpalette von Weiß, Gelb, über Rosa und Rot bis Blau	X–IV	sonnig bis halbschattig; humose Gartenerde, für Beet und Schale	niedrig und buschig, dicht gepflanzt	nicht zu viel düngen; mäßig gießen, sonst Pilzbefall	im Herbst gepflanzt eine Freude bis zum Frühjahr
 **Zinnie** *Zinnia elegans*	Farbspektrum von Weiß über Gelb bis Rot und Purpur	VII–IX	sonnig, warm; durchlässiger Boden	aufrecht, breites Blatt, auch buschig wachsend	pflegeleicht, nicht zu viel gießen	wertvolle Schnittblume, auch im trockenen Zustand sehenswert

Kletter- und Schlingpflanzen

DEUTSCHER NAME BOTANISCHER NAME	BLÜTE	BLÜTEZEIT (MONATE)	STANDORT	WUCHS	PFLEGE	BESONDERHEIT
 **Strahlengriffel** *Actinitia arguta*	weiß, cremefarben	V–VI	sonnige, warme Lagen; durchlässige Böden	stark windend, will Kletterhilfe (Pergola, Wand, Zaun)	Blüten zweihäusig: männliche und weibliche Pflanzen setzen, Rückschnitt nach Ernte	Blüten zart und schön; süße, essbare Früchte, reich an Vitamin C
 **Fünfblättrige Akebie** *Akebia quinata*	violett-braun, faszinierend	IV–V	sonnig bis halbschattig, wärmeliebend; normaler Boden	zierlicher Wuchs, dekorativ, Kletterhilfe nötig	gelegentlicher Rückschnitt ratsam	Früchte essbar, in milden Wintern immergrün, Zweige für Vase
 **Pfeifenwinde** *Aristolochia macrophylla*	pfeifenartig, gelbgrün	VI–VIII	halbschattig; lehmiger, nahrhafter, feuchter Boden	stark wüchsig, windend, Kletterhilfe ratsam	gelegentlicher Rückschnitt vor dem Austrieb	dekoratives Blattwerk, ästhetisch wertvoll
 **Anemonen-Waldrebe** *Clematis montana* var. *rubens*	rosarot, später hellrosa, reich blühend	V–VI	sonnig bis halbschattig; geschützte Lagen	bis 8 m hoch, Kletterhilfe (Spalier, Pergola etc.)	seltener Rückschnitt, Blüten nur am alten Holz	friert gelegentlich zurück, regeneriert aber gut
 **Hopfen** *Humulus lupus*	Blüten sind Hochblätter, grün	VII–VIII	sonnig; humoser, nähstoffreicher Boden, auch für Kübel	bis 6 m hoch, kräftig, Spanndraht als Kletterhilfe	Rückschnitt erforderlich, treibt im Frühjahr wieder aus	sehr dekorativ, Heilpflanze (beruhigend)
 **Winter-Jasmin** *Jasminum nudiflorum*	primelgelb	XII–III	sonnig bis halbschattig; geschützt stehend	schwachwüchsig, an Rankhilfen anbinden	anpassungsfähig, verträgt gelegentlichen Schnitt	beliebter Winterblüher, Bodentriebe wurzeln
 **Wein-Rebe** *Vitis vinifera*	Blüten unscheinbar, dekorative Früchte	VI–VII	sonnig bis halbschattig; keine besonderen Ansprüche an den Boden	starkwüchsig, an Pergola oder Rankgerüst anbinden	Rückschnitt vor dem Austrieb bis auf 2 Augen	widerstandsfähige Sorten für den Garten wählen, z. B. Gutedel, Portugieser
 **Japanische Waldrebe** *Lonicera japonica* 'Aureoreticulata'	Blüten gelblichweiß, zierendes Laub	VI–IX	sonnig bis halbschattig; nahrhafter, durchlässiger Gartenboden	buschig wachsend, Anbindhilfe, (Pfosten, Rankgerüst)	öfter mal zurückschneiden, trockene Triebe entfernen	Zweige für den Vasenschmuck verwenden, sehr dekorativ

Kräuter

DEUTSCHER NAME BOT. NAME (FAMILIE)	BLÜTE	STANDORT	WUCHS	PFLEGE	ERNTE	BESONDERHEIT
 **Schnittlauch** *Allium schoenoprasum* (Lauchgewächse)	rosa-violett im Sommer	sonnig; lockere, durchlässige, auch feuchte Böden	20–30 cm hoch, horstbildend mit Zwiebeln	pflegeleicht, mittlerer bis hoher Nährstoffbedarf	Blätter und junge Blüten	mehrjährig; im Winter auch im Topf auf der Fensterbank
 **Dill** *Anethum graveolens* (Doldenblütler)	gelbe Dolden im Sommer	sonnig; humusreicher Boden	bis 100 cm hoch	bei Anbau in Reihen vereinzeln; gut wässern	Blätter und Blütendolden	einjährig; immer frisches Saatgut verwenden
 **Zitronen-Melisse** *Melissa officinalis* (Lippenblütler)	blass gelbweiß, V–VIII	sonnig; humusreicher Boden	krautig; bis 50 cm hoch	pflegeleicht; geringer Wasser- und Nährstoffbedarf	frische Blätter vor Blütenbildung	mehrjährig; winterhart
 **Oregano** *Origanum vulgare* (Bild), *Origanum heracleoticum* (Lippenblütler)	weiß, Hochsommer	sonnig; kalkhaltiger Boden	buschig, bis 60 cm hoch	geringer Wasser- und Nährstoffbedarf; starker Rückschnitt im Frühjahr	Blätter und Blüten	gute Bienenpflanze; mehrjährig; winterhart
 **Petersilie** *Petroselinum crispum* (Doldenblütler)	weiße Dolden im 2. Jahr	humusreicher Boden; nur alle 5 Jahre auf gleicher Fläche	krautig, 20–30 cm hoch	nicht so zeitig aussäen; vereinzeln; gut wässern	Blätter, Wurzeln	glatte Petersilie ist würziger
 **Basilikum** *Ocimum basilicum* (Lippenblütler)	weiß, nicht erwünscht	sonnig; windgeschützt; humusreicher Boden	buschig, 40–50 cm hoch	regelmäßig ernten; bei Wärme reichlich wässern und düngen	junge Blatttriebe; Blüte verhindern	einjährig, nur bei > 10 °C pflanzen; auch Topfkultur
 **Salbei** *Salvia officinalis* (Bild), *S. rutinans*, *S. elegans* (Lippenblütler)	rosa, violett, rot, VI–VIII	sonnig; durchlässiger, humoser, kalkhaltiger Boden	je nach Sorte 20–50 cm hoch	im Frühjahr bis auf das Holz zurückschneiden	Blätter, Blüten	Halbstrauch; artenreich; Frucht-Salbei nicht frostfest
 **Garten-Thymian** *Thymus vulgaris* (Lippenblütler)	hellrosa, VII–VIII	sonnig; durchlässige, trockene bis frische Böden	kompakt buschig, 10–30 cm hoch	geringer Wasser- und Nährstoffbedarf; leichter Rückschnitt im Frühjahr	junge Triebe	duftend; mehrjährig; auch Topfkultur

Gemüse

DEUTSCHER NAME BOTANISCHER NAME	STANDORT	ANZUCHT	PFLEGE	ERNTE
 **Stielmangold** *Beta vulgaris* var. *flavescens* (Gänsefußgewächse)	sonnig; durchlässige, sandig-lehmige, humose Böden	Direktsaat IV (Temperaturen > 9 °C) bis Frühsommer; Pflanzenabstand: 30 x 5 cm; stark wüchsig	intensiv farbige Sorten auch in Rabatten pflanzen; wasser- und nährstoffbedürftig	äußere Blätter oder ganze Pflanze; VI–X
 **Brokkoli** *Brassica oleracea* var. *italica* (Kreuzblütler)	sonnig; durchlässige, sandig-lehmige, humose Böden	Pflanzung ab III (50 x 40 cm) satzweise bis Anfang August	hoher Wasser- und Nährstoffbedarf; mit Netz abdecken wegen Schädlingsbefall	Hauptblüte; bei vielen Sorten Nebentriebe mit kleinen Köpfen
 **Zucchini** *Cucurbita pepo* var. *giromontiina* (Kürbisgewächse)	humushaltiger Boden; warme Lage	Pflanzung oder Aussaat ab Mitte V; Pflanzabstand 100 x 100 cm	Sortenvielfalt (rund, lang, gelb, grün) nutzen; Starkzehrer; hoher Wasserbedarf	Erntebeginn VI; 15 bis 20 cm lange Früchte; männliche Blüten
 **Karotte, Möhre** *Daucus carota* (Doldenblütler)	lockerer, tiefgründiger Boden (keinen Mist einarbeiten)	Aussaat ab III; 20 cm Reihenabstand; Lichtkeimer; auf schwerem Boden Dammanbau	auf ca. 4 cm in der Reihe vereinzeln; unkrautfrei halten; leicht anhäufeln	Ernte nach 80 Tagen (Frühmöhren) bis 140 Tagen (späte Lagermöhren)
 **Gartensalat** *Lactuca sativa* (Korbblütler)	sonnig; jeder Boden	satzweise Pflanzung oder Direktsaat III–VIII; > 18 °C für gute Keimung	für Sommeranbau schossfeste Sorten; feuchter Boden; geringer Nährstoffbedarf	V–X ganze Pflanze oder Blätter bei Pflücksalat
 **Tomate** *Lycopersicon esculentum* (Nachtschattengewächse)	sonnig; humoser, sandig-lehmiger Boden; eventuell mit Dach überbauen	widerstandsfähige Sorten im März aussäen, Pflanzung ab Mitte Mai, (60 x 40–50 cm)	Boden gleichmäßig feucht halten; Seitentriebe ausbrechen; nach 5. Blütenstand stutzen	ab VII folgernd; grüne Früchte im Herbst reifen nach
 **Buschbohne** *Phaseolus vulgaris* var. *nanus* (Schmetterlingsblütler)	sonnig; warmer, etwas kalkhaltiger Boden (pH 7)	Saat ab V; Bodentemperatur > 10 °C; satzweise Aussaat bis Ende Juli	nach Auflaufen anhäufeln; ab Hauptblüte und Hülsenbildung höherer Wasserbedarf	Ernte ab VII; folgernd ca. alle 3 Tage ernten
 **Radies** *Raphanus sativus* var. *sativus* (Kreuzblütler)	humoser, lockerer, feuchter Boden	Aussaat ab III; 20 cm Reihenabstand; Frühaussaaten mit Vlies oder Folie abdecken	für Sommeranbau schossfeste Sorten; auf 3 bis 4 cm in der Reihe vereinzeln	Ernte nach 4 bis 6 Wochen

Obst

DEUTSCHER NAME BOTANISCHER NAME	BLÜTE (MONATE)	STANDORT	BAUM-/ STRAUCHFORM	PFLEGE	ERNTE
 **Apfel** *Malus domestica*	Ende IV–Mitte V, sortenabhängig folgernd, selbststeril	sonnig; mittelschwerer Lehmboden, mind. 600 mm Jahresniederschlag	Spindel, Spalier, Rundkrone; 2–10 m hoch, je nach Unterlage, Sorte und Erziehung	bei Trockenheit bewässern, Sommer- u. Winterschnitt, organische Düngung III und VI	Ende VII–X, Pflückreife beachten, Genussreife später
 **Birne** *Pyrus communis*	IV, spätfrostgefährdet, selbststeril	sonnig (wärmer als Apfel); tiefgründige, feuchte Böden	Spindel, Spalier, Hochstamm bis 20 m, je nach Unterlage, Sorte und Erziehung	wie Apfel; bei strengem Frost Wurzelfrostgefahr (Wurzelbereich abdecken)	VII–XI; gering lagerfähig, Konservierung ratsam
 **Süßkirsche** *Prunus avium*	IV, spätfrostgefährdet, selbststerile und -fruchtbare Sorten	sonnig, geschützte Lage; warme, tiefgründige Böden	Spindel, Hochstamm bis 8 m mit kugelförmiger Krone; als Hecke erziehbar	Stämme weißen (hohe Stammrissgefahr bei strengem Frost); regelmäßiger Schnitt	8 Kirschwochen von VII–VIII; platzfeste Sorten wählen
 **Sauerkirsche** *Prunus cerasus*	Mitte IV–Anfang V, auch selbstfruchtbare Sorten	geringere Ansprüche als Süßkirsche, eher leichte Böden	oft strauchartiger Wuchs mit hängenden Zweigen, bis 6 m hoch; flach verlaufende Wurzeln	Verkahlen durch Schnitt unterbinden, bei Moniliabefall scharfer Rückschnitt	VII–VIII, fast ausschließlich für Konservierung
 **Pflaume** *Prunus domestica*	Mitte–Ende IV, selbststerile und -fruchtbarte Sorten	sonnig; nährstoffreiche, humose, feuchte Sandböden	Busch, 60–80 cm Stammhöhe; Ovalkrone am Drahtgerüst; als Einzelbaum vielgestaltige Krone	Pflegeansprüche gering; Fruchtholzerneuerung sichern; Fruchtausdünnung ratsam	Anfang VII–Mitte X, volle Ausfärbung; bis 20 Tage haltbar
 **Himbeere** *Rubus idaeus*	ab Mitte V, zwittrig, nicht spätfrostgefährdet	hell bis halbschattig; humose, nährstoffreiche, feuchte Böden	durchgehende Einzelreihe, auch als Doppelreihe in V-Form; Gerüst zur Rutenbefestigung	organische Düngung; Tragruten auf 1,8 m begrenzen; Bodenfeuchte sichern (Flachwurzler)	Ende VI–X; sortenabhängig; Frucht leicht vom Kelch lösend
 **Johannisbeeren** *Ribes rubrum, R. nigrum*	Mitte IV, rote Sorten selbstfruchtbar, schwarze selbststeril	sonnig, auch halbschattig; humose, mittelschwere, feuchte Böden	Busch vorherrschend, Heckenerziehung möglich; Stämmchen nur bei roten Sorten	auf leichten Böden ausreichend düngen und wässern, 3–4 neue Jungtriebe jährlich	Ende VI–Mitte VIII; Frischverzehr: frühe rote und weiße Sorten
 **Erdbeere** *Fragaria x ananassa*	ab Anfang V; mind. 2 Sorten zur sicheren Befruchtung	sonnig, auch halbschattig; schwach saurer Boden; hoher Wasserbedarf	Reihenpflanzung; Zwischenreihen zur Erntezeit abdecken	laufend entranken; max. 3 Jahre Standzeit, mind. 3 Jahre Anbaupause; laufend Unkraut bekämpfen	ab Ende V–Frosteintritt, folgernde Reife

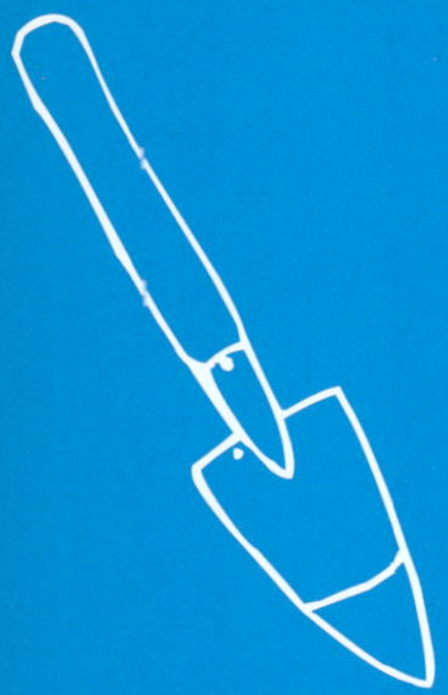

Arbeitskalender fürs ganze Jahr

Januar

Gemüsegarten

- Zum Monatsende mit der Aussaat von Blumenkohl, Kohlrabi und Salat auf der Fensterbank beginnen.
- Lagerbestände (auch Obst) kontrollieren.

Obst

- Kalkanstrich der Stämme ausführen.
- Spaliere, Baumpfähle überprüfen, ausbessern.

Ziergarten

- Gehölze bei frostfreiem Wetter auslichten.
- Bei Frostfreiheit immergrüne Gehölze bewässern.
- Gelagerte Blumenzwiebeln und -knollen kontrollieren.
- Bei Frostwetter Rasen nicht betreten.

Februar

Gemüsegarten

- Im Frühbeet Radies, Rettich aussäen, Kohlrabi, Salat pflanzen, mit Vorkeimen von Frühkartoffeln beginnen.
- Bei milder Witterung Winterschutz entfernen.
- Durchführung einer Bodenanalyse.

Obstgarten

- Schnitt bis Ende des Monats abschließen.
- Weinreben jetzt schneiden.
- Eigelege und von Mehltau befallene Triebe entfernen

Ziergarten

- Bei frostfreiem Wetter Gehölze und Stauden pflanzen.
- Bei mildem Wetter Winterschutz entfernen.
- Gelagerte Blumenzwiebeln und -knollen kontrollieren.

März

Gemüsegarten

- Abgetrockneten Boden lockern, Gründüngung einarbeiten. Düngung mit Kompost/organischem Dünger.
- Im Freiland Spinat, Möhre, Zwiebel, Palerbsen, dicke Bohne, Petersilie aussäen; Frühkohl, Kopfsalat, Steckzwiebeln pflanzen.
- Unter Glas/Folie wärmeliebende Arten (Tomate, Paprika, Sellerie, Gurke) aussäen.

Obstgarten

- Obstgehölze pflanzen: Pflanzerde mit Kompost aufbessern, Veredlungsstelle 10–15 cm über dem Boden, Pflanzschnitt, Wurzelspitzen glatt schneiden.
- Gehölzschnitt Anfang des Monats beenden (Ausnahme: Aprikose, Pfirsich).
- Vorbeugende Behandlung von Sauerkirschen (Frucht-, Zweigmonilia) und Pfirsich (Kräuselkrankheit).

Ziergarten

- Wildkräuter bekämpfen (bis zum Herbst).
- Hochgefrorene Stauden andrücken, geschädigte Horste zurückschneiden. Ältere Stauden teilen.

- Beetrosen abhäufeln, auf fünf bis sechs Augen zurückschneiden, bei Kletterrosen nur schwache Seitentriebe auf ca. 10 cm einkürzen.
- Immergrüne Gehölze gründlich wässern.
- Rasen vertikutieren, erster Schnitt.

April

Gemüsegarten

- Beete vorbereiten, Kompost flach einarbeiten.
- Aussaat von Spinat, Erbsen, Grünkohl, Salat, Rettich, Radies, Möhre, Kohlrabi, Zwiebel und im Gewächshaus von Gurke. Aufgelaufenes Saatgemüse vereinzeln.
- Pflanzung von vorgekeimten Frühkartoffeln, frühen Kohlarten, Knoblauch, Steckzwiebeln, Spargel.
- Schutznetze gegen Gemüsefliegen bei Kohlarten, Radies, Rettich, Zwiebel und Möhre auslegen.

Obstgarten

- Pflanzung von „Erdbeer-Frostpflanzen".
- Gehölze düngen, Boden lockern (hacken).
- Aprikose/Pfirsich vor/während der Blüte schneiden.

Ziergarten

- Abgeblühte Gehölze zurückschneiden.
- Stauden pflanzen. Gladiolen und Dahlien zum Monatsende auspflanzen.
- Sommerblumen im Freiland aussäen und nach Bildung des zweiten Laubblattes verpflanzen.
- Neuanlage oder Nachsaat von Rasen, Saatfläche feucht halten. Bestehenden Rasen ab jetzt regelmäßig mähen (Schnitthöhe mind. 5 cm).

Mai

Gemüsegarten

- Erste Ernten bei Radies, Rettich, Salat.
- Aussaat von Busch- und Stangenbohnen, Chicoree, Gurke, Kürbis, Zuckermais, Zucchini, Winterkohl.
- Nach den Eisheiligen Tomate, Gurke, Zucchini, Paprika säen oder auspflanzen.
- Folgesaaten genannter Arten. Saatreihen ausdünnen.
- Ständiges Hacken gegen Unkraut und Wasserverluste.

Obstgarten

- Bei trockener Witterung frisch gepflanzte Gehölze wässern. Bewässerung bereits fruchtender Gehölze mindert den Junifruchtfall.
- Erdbeeren vor der Blüte bewässern, Fläche mit Stroh oder Folie bedecken. Für spätere Jungpflanzen-Gewinnung reich blühende Pflanzen markieren.
- Bei Spätfrostgefahr blühende Bestände und Wandspaliere mit Stroh, Folien, Matten schützen.

Ziergarten

- Sommerblumen an Ort und Stelle aussäen oder pflanzen, frostempfindliche Arten (Studentenblume, Zinnie) erst nach den Eisheiligen.
- Blütenreste verblühter Zwiebel- und Knollenpflanzen entfernen.
- Abgeblühte Gehölze schneiden.
- Rosen düngen.
- Rasen wöchentlich schneiden.

Juni

Gemüsegarten

- Folgesaaten von Sommersalat, Radies, Rettich, Mangold besetzen frei werdende Fläche.
- Aussaat von Herbst- und Wintergemüsearten.
- Tomaten entgeizen, anbinden, wässern, düngen.

Obstgarten

- Beginn der Erdbeer- und Süßkirschenernte, Sauerkirsche und weitere Beerenobstarten folgen.
- Erdbeeren bei Trockenheit bewässern, Befeuchten der Früchte vermeiden. Zweite Düngergabe.
- Mulchmaterial auf den Baumscheiben ergänzen.

- Zu dichten Fruchtbehang bei Kernobst ausdünnen.
- Pflanzenschutz: Entfernen kranker Blätter, Zerquetschen von Kolonien, Rückschnitt bis ins gesunde Holz (Monilia).

Ziergarten

- Zweijährige Sommerblumen aussäen.
- Verblühtes kontinuierlich entfernen
- Frühblühende Stauden teilen und verpflanzen.
- Zwiebeln und Knollen, sobald das Laub eingezogen ist, aus dem Boden nehmen, trocknen lassen, einlagern.
- Hecken nach Ausfliegen der Jungvögel schneiden.
- Rasen mähen und bewässern.

Juli

Gemüsegarten

- Arten mit kurzer Entwicklungszeit (Busch-Bohne, Salat, Radies, Rettich, Kohlrabi, Knollenfenchel) aussäen.
- Ausreichend bewässern.
- Freilandtomaten weiterhin ausgeizen und stutzen.
- Kartoffeln, Busch- und Stangenbohnen, Gurken ernten.

Obstgarten

- Erdbeerbeete nach Ernteabschluss säubern, Laub abschneiden. Jungpflanzen gewinnen. Neue Pflanzbeete mit Kompost anreichern, Neupflanzung angießen. Übrige Gehölze wässern.
- Konkurrenztriebe in jungen Kronen und bei Spindeln entfernen. Langtriebe bei Spindeln, in Obsthecken und Spalieren ab Monatsmitte waagerecht binden.
- Zu dichten Fruchtbehang bei Kernobst ausdünnen.
- Sommerschnitt bei Stein- und Beerenobst nach Ernte.
- An Apfelbäumen Insektenfanggürtel gegen Apfelblütenstecher (Obstmade) anlegen.

Ziergarten

- Bei Stauden und Rosen Verblühtes entfernen.

August

Gemüsegarten

- Ernten, Boden lockern, gründlich bewässern
- Feld-, Kopfsalat, Spinat, Radies (Herbsternte) aussäen.
- Letzter Termin für Düngung des Spät-/Lagergemüses.
- Porree anhäufeln.

Obstgarten

- Erdbeerpflanzung abschließen.
- Sommerschnitt fortsetzen. Langtriebe von Spindeln und Niederstämmen mit heckenförmigen Kronen zu Monatsbeginn noch herunterbinden.
- Wein entgeizen und Haupttriebe heften.
- Alte Fruchtäste (älter als vier Jahre) bei Johannis- und Stachelbeere, abgeerntete Ruten sowie überzählige Neutriebe bei Himbeeren bodennah abschneiden, verbleibende am Spalier anheften. Junge Brombeertriebe getrennt von den fruchttragenden am Gerüst befestigen.
- Bäume mit starkem Fruchtbehang stützen.

Ziergarten

- Kletterrosen nach Blüte schneiden, Wildtriebe an der Basis entfernen.
- Zum Ende des Monats Zwiebeln von Herbstzeitlose, Madonnen-Lilie, Herbst-Krokus, Kaiserkrone legen.
- Pflanzung der im Juni gesäten Zweijahresblumen.
- Bestände regelmäßig ausputzen und wässern.
- Rasen mähen, bewässern, zum Monatsende düngen.
- Heckenformschnitt durchführen.

September

Gemüsegarten

- Empfindliche Fruchtgemüse abernten. Tomatenpflanzen samt Wurzel zum Nachreifen trocken aufhängen.
- Bis Monatsmitte Gründüngungspflanzen und Spinat, Feldsalat, Möhre zum Überwintern aussäen.

- Lager vorbereiten, am besten eine Miete. Bei Lagerung in Räumen Gemüse und Obst streng trennen.

Obstgarten

- Erdbeerbeete säubern und wässern. Ernte fortsetzen.
- Abgeerntete Kern- und Steinobstbäume auslichten.
- Madenfanggürtel von Apfelbäumen abnehmen.
- Leimringe an Obstbäumen anlegen.
- Obstlager vorbereiten. Nur einwandfreie Früchte einlagern. Fallobst verwerten oder entsorgen.

Ziergarten

- Sommerblumen und Stauden ausputzen.
- Bei Frostgefahr empfindliche Kübelpflanzen sichern.
- Pflanzzeit für immergrüne Laubgehölze sowie winterharte Zwiebel- und Knollenpflanzen.
- Rasen kann noch gesät werden.

Oktober

Gemüsegarten

- Weiterhin ernten.
- Schwere Böden umgraben, leichte Böden gehen mit Gründüngung über den Winter.

Obstgarten

- Ernte der späten Kernobstsorten abschließen.
- Obstgehölze pflanzen, empfindliche Arten (Aprikose, Pfirsich, Quitte, Kiwi) erst im Frühjahr.
- Bei großer Trockenheit wässern.

Ziergarten

- Stauden teilen und pflanzen.
- Laubabwerfende Gehölze zum Monatsende pflanzen.
- Rosen als Frostschutz anhäufeln.
- Knollen von Gladiolen, Dahlien, Begonien ausgraben, frostfrei, kühl und trocken lagern.
- Rasen ein letztes Mal mähen.

November

Gemüsegarten

- Flächennutzung der abgelaufenen Saison wegen Fruchtfolgegestaltung notieren.
- Porree, Schwarzwurzel verbleiben im Boden. Grün- und Rosenkohl werden durch Frost aromatischer.
- Petersilienwurzeln und Schnittlauchballen zum Treiben in Töpfe setzen.
- Lagergut (auch Obst) prüfen, Fäulnisherde beseitigen.

Obstgarten

- Kranke und alte Gehölze roden, neue pflanzen.
- Stämme weiß anstreichen, Leimringe anbringen. Fruchtmumien und Raupennester entsorgen.

Ziergarten

- Immergrüne Gehölze vor Frost gründlich wässern.
- Jüngere Hochstammrosen nieder biegen und Krone mit Erde bedecken, ältere bleiben aufrecht, Krone mit atmungsaktivem Material (Säcke, Holzwolle) einhüllen.
- Laub vom Rasen harken (mulchen oder kompostieren)
- Wasserleitungen entleeren.

Dezember

Gemüsegarten

- Bodenbearbeitung bei offenem Wetter fortsetzen.
- Überwinternde Bestände bei Barfrost abdecken.
- Lagerbestände (auch Obst) kontrollieren.

Obstgarten

- Rodungen ausführen, Stämme kalken.
- Hochgefrorene Erdbeeren festtreten, mit Laub mulchen.

Ziergarten

- Bei offenem Wetter noch Laubgehölze pflanzen.
- Nadelgehölze von Schnee befreien, Astbruch entfernen. Hochgefrorene Pflanzen wieder festigen.

BDG Bundesverband Deutscher Gartenfreunde e. V.

Grün für alle – Kleingärten

↑ *Eine Million Familien schätzen in Deutschland ihr kleines Paradies vor der Haustür: Wenn auch Sie an einem Kleingarten interessiert sind, wenden Sie sich an einen der Vereine vor Ort.*

Der Wunsch nach einem eigenen Garten steht für viele Menschen an oberster Stelle Ihrer Wunschliste: Lust auf gesundes Gemüse aus dem eigenen Garten, fröhliche Grillabende mit der Familie, eine gemütliche Pause im Liegestuhl im eigenen Garten. Dieser Gartentraum lässt sich auch in der Stadt verwirklichen – mit einem Schrebergarten.
Eine Million Kleingärtnerfamilien von München bis Flensburg frönen begeistert diesem Hobby in 15 200 Kleingärtnervereinen: Junge Familien mit Kindern haben Raum für Spiel und Erlebnis, Berufstätige finden einen Ausgleich in der Gartenarbeit und Nichterwerbstätige jede Menge Beschäftigung im eigenen Garten. Die Kleingärtner managen ihre Anlage selbst im Verein. Mit einem hohen bürgerschaftlichen Engagement verwalten sie die Anlagen, organisieren das Vereinsleben und beraten ihre Mitglieder.

Was ist eigentlich ein Kleingarten?

Mehr als eine Million Kleingärten gibt es in Deutschland und jeder ist ein Mikrokosmos für sich. Kleingärten eröffnen Lebensräume für Menschen, Tiere und Pflanzen, sie sind Inseln der Ruhe und Entspannung, sie bieten Gemeinschaft und lassen jedem seine Individualität. Kleingärten, auch Schrebergärten genannt, sind maximal 400 m^2 große Parzellen, die in Kleingartenanlagen zusammengefasst sind. Die Gartenlaube darf höchstens eine Grundfläche von 24 m^2 haben, einschließlich überdachtem Freisitz und nicht zum dauernden Wohnen geeignet sein. Die kleinen Gärten können von Privatleuten gepachtet werden und dienen der Erholung sowie dem nicht gewerblichen Anbau von Obst, Gemüse und Zierpflanzen. Der Obst- und Gemüseanbau ist ein fester Bestandteil eines Kleingartens, Rasen und Zierbepflanzungen dürfen nicht überwiegen. Der Anbau von Obst- und Gemüse spielte traditionell im Kleingarten schon immer eine Rolle. Gerade bei jungen Leuten gewinnt der Aspekt, gesundes Obst und Gemüse aus dem eigenen Garten zu essen, wieder größere Bedeutung.

Kleingärten

... sind Orte des Miteinanders: Rund vier Millionen Menschen in Deutschland nutzen regelmäßig einen Kleingarten. In den grünen Wohnzimmern mitten in der Stadt treffen Junge auf Alte, Familien auf Singles, Professorinnen auf Handwerker. Was sie alle gemeinsam haben, ist die Freude an der Natur. Die verbindet, auch über sprachliche und kulturelle Grenzen hinweg: 7,5 % der Pächter haben einen Migrationshintergrund. Kleingärten sind Orte, an denen Integration gelingt.

... machen unsere Städte lebenswerter: Kleingärten sind ein Stück Natur inmitten der Urbanität. Sie sind für jeden schnell erreichbar – und trotzdem weit entfernt von Lärm und Enge der Stadt. Hier finden Stadtmenschen den Ausgleich, den sie brauchen. Das gilt nicht nur für die Pächter der kleinen Gärten: Kleingartenanlagen stehen mit ihren Gemeinschaftsanlagen, Kinderspielplätzen und Ruheinseln jedem offen. Kleingärten sind das Naherholungsgebiet um die Ecke.

... leisten einen aktiven Beitrag zum Umweltschutz: Kleingärten sind Refugien der heimischen Pflanzen- und Tierwelt, ca. 800 Pflanzenarten sind hier nachweisbar. So tragen sie dazu bei, die Mannigfaltigkeit des Lebens auf unserer Erde zu erhalten. In den Vereinen geben qualifizierte Fachberater ihr Wissen über naturnahes Gärtnern, biologischen Pflanzenschutz und standortgerechten Anbau an die Kleingärtner weiter.

... sind Freizeitkultur in ihrer schönsten Form: Manche Kleingärtner finden Entspannung bei Spiel und Spaß an der frischen Luft, andere machen aus ihren Parzellen kleine Wellness-Oasen für alle Sinne, wieder anderen geht es vor allem um die Aufzucht von knackig-frischem Obst und Gemüse: Kleingärten sind Sinn stiftende Orte für eine erfüllte Freizeit.

... sind lebendige Tradition: Die ersten Kleingärten wurden vor bald 200 Jahren gegründet. Seitdem haben sich die kleinen Gärten vielfach gewandelt, doch die Ursprungsidee ist bis heute lebendig geblieben: Kleingärten eröffnen jedem die Möglichkeit auf ein eigenes Stück Grün.

↓ *Kleine Pflänzchen brauchen besonders viel Fürsorge und Pflege. Aber keine Angst – gärtnern ist erlernbar und im Kleingarten hilft Ihnen der Nachbar gerne mit seiner Erfahrung.*

Wie komme ich an einen Kleingarten?

Keine Kleingartenanlage ist wie die andere. Hier geht es ruhig und gediegen zu, dort herrscht fröhliches Kinderlachen. Machen Sie sich selbst ein Bild, welche Anlage zu Ihnen passt. Nehmen Sie Kontakt auf zu einem Verein in Ihrer Nähe oder fragen Sie beim Stadt- oder Kreisverband Ihrer Kommune nach frei werdenden Gärten.

Die Kleingärten sind 240 bis 400 m^2 groß. Das bedeutet natürlich auch Arbeit. Den grünen Daumen muss man nicht mitbringen, Gartenarbeit kann man lernen. In der Kleingartenanlage gibt es immer jemanden, der Ihnen mit Rat und Tat zur Seite steht.

↓ Blumen dürfen in keinem Garten fehlen. Sie erfreuen unsere Augen und Sinne mit Ihren Farben und Düften. Viele von ihnen, wie diese Margeriten, wachsen im Garten jedes Jahr aufs Neue.

Die Kleingärtner verwalten ihre Anlage selbst. Deshalb werden Sie Mitglied in einem Kleingärtnerverein. Mit dem Verein/Verband wird ein Pachtvertrag geschlossen. Die jährlichen Unkosten für einen Schrebergarten liegen je nach Stadt zwischen 100 bis 250 € (Pacht, Vereinsmitgliedschaft, Versicherung, Wasser, Strom), in Berlin höher. Für vorhandene Bepflanzung und die Laube wird eine einmalige Ablöse an den Vorpächter gezahlt.

Im Bundeskleingartengesetz finden Sie alle Bestimmungen zusammengefasst.

Kleingärtner werden immer jünger und internationaler

Seit Ende der 90er-Jahre ist das Durchschnittsalter in den Vereinen um zehn Jahre gesunken. Dieser Trend wird verstärkt durch einen anhaltenden Zustrom von Migranten und ihrer oft kinderreicheren Familien. Kleingärtner aus 80 verschiedenen Nationen schrebern in Deutschlands Kleingärten.

75 000 Kleingärtnerfamilien haben einer Studie des BDG zufolge einen Migrationshintergrund.

Diese Entwicklung verändernt und belebt die Atmosphäre in den Kleingartenanlagen.

Zwei Entwicklungen sind vorherrschend. Auf der einen Seite entdecken junge Städter den Kleingarten als einen Ort der Ruhe, Gelassenheit und Kreativität. Sie bringen etwas Neues ein: die Idee des edel gestalteten Wellness-Gartens. Auf der anderen Seite werden alte Traditionen gestärkt. Viele unserer Mitglieder mit Migrationshintergrund sind aus ländlich geprägten Gebieten nach Deutschland eingewandert und nutzen ihre Parzellen intensiv für den Anbau von Obst und Gemüse. Damit knüpfen sie an die Gründungsgedanken der Kleingartenbewegung an.

Kleingärten sind 200 Jahre jung

Kleingärten sind jung und trendy – immer mehr junge Leute nehmen einen Garten. Und Kleingärten sind sehr alt – fast 200 Jahre gibt es die kleinen Gärten in den Städten. Richtige Verbreitung fanden sie ab 1864 durch die Schrebergärten in Leipzig und die Armengärten des Roten Kreuzes in Berlin.

Durch die Industrialisierung strömten die Menschen im 19. Jahrhundert in die Städte. Dort lebten die Arbeiter in katastrophalen Wohnverhältnissen. In Leipzig setzte sich der Arzt Dr. Schreber für die Verbesserung der Lebensverhältnisse, besonders der Kinder, ein. Nach seinem Tod gründete Dr. Ernst Innozenz Hauschild den ersten Schrebergartenverein in Leipzig. Außerhalb der Stadt wurden Pachtgärten angelegt und parzelliert. Spiel und Bewegung an der frischen Luft, Naturerziehung und gesunde Ernährung waren die Ziele. Diese Kleingartenanlage „Dr. Schreber" besteht noch heute direkt neben dem Kleingartenmuseum in Leipzig. Die Idee, in den Städten allen Bevölkerungsschichten über die Verpachtung an gemeinnützige Kleingärtnerorganisationen eine Gartennutzung zu ermöglichen, hat sich bis heute gehalten. Und so verwundert die Besucher aus anderen europäischen Großstädten, dass in dem dicht besiedelten Industriestaat Deutschland eine Stadt wie Berlin einen Schatz von 72 000 kleinen Gärten bewahrt hat.

Tag des Gartens – das große Fest

Der Tag des Gartens spielt für die Kleingärtner eine immer größere Rolle. Alljährlich am 2. Sonntag im Juni feiern die Gartenfreunde den Tag des Gartens: mit Gartenfesten und Veranstaltungen rund um den Garten. Der BDG hat diesen Tag 1988 ins Leben gerufen. Schauen Sie gerne mal in einer Kleingartenanlage in Ihrer Nachbarschaft vorbei.

↑ *Kleingärten laden zum Natur- und Spielerlebnis mit allen Sinnen ein – frisches Obst schmecken, aromatische Kräuter riechen und verschiedene Pflanzen berühren. Da kommt die gute Laune von selbst.*

BDG: Bundesverband Deutscher Gartenfreunde

Der BDG ist der Dachverband für 19 Landesverbände mit 15 000 Kleingärtnervereinen und vier Millionen Kleingärtnern und damit die größte deutsche Organisation für den Hobbygartenbereich (Verbandsorgan: DER FACHBERATER). Seine Aufgaben sind:

- Interessensvertretung gegenüber Bundespolitik und Bundesregierung
- Zusammenarbeit mit Umwelt- und Grünverbänden
- Motor der Öffentlichkeitsarbeit für das Kleingartenwesen
- Beratung und Unterstützung seiner Landesverbände
- Weiterbildung seiner Multiplikatoren durch Fachseminare zu den Themenbereichen Gartenbau, Umwelt, Recht und Organisaton

Adressen

Vereine und Verbände (www.gartenbauvereine.de)

Bundesverband Deutscher Gartenfreunde e.V.
Platanenallee 37
14050 Berlin
Tel.: 0 30 / 30 20 71-40
Fax: 0 30 / 30 20 71-39
www.kleingarten-bund.de

Zentralverband Gartenbau Deutschland e.V. (ZVG)
Godesberger Allee 142–148
53175 Bonn
E-Mail: zvg-bonn@g-net.de
www.g-net.de

Naturschutzbund Deutschland e.V. (NABU)
Herbert-Rabius-Straße 26
53225 Bonn
Tel.: 02 28 / 40 36-0
E-Mail: NABU@NABU.de
www.NABU.de

Deutsche Gartenbau-Gesellschaft 1822 e.V.
Haus der Handwerkskammer
Webersteig 3
78462 Konstanz
Tel.: 0 75 31 / 1 52 88
Fax: 0 75 31 / 2 65 30
E-Mail: info@dgg1822.de
www.dgg1822.de

Bund für Umwelt und Naturschutz Deutschland e.V. (BUND)
Dunantstraße 16
79110 Freiburg
www.bund.net

Bundesverband der Österreichischen Gärtner
Haidestrasse 22
A-1110 Wien
Tel.: +43 / (0)1 / 769 26 60
Fax: +43 / (0)1 / 7 68 89 90
www.gartenbau.or.at

Informationsstellen und Fortbildungsstätten (www.gartenakademien.de)

Schulungszentrum für naturgemäßen Land- und Gartenbau
Poppenbüttler Hauptstr. 46
22399 Hamburg
Tel.: 0 40 / 6 02 07 33

Permakultur Akademie
Birkenallee 35
26197 Huntlosen
Tel.: 0 44 87 / 99 96 91
E-Mail: info@permakultur-akademie.net
www.permakultur-akademie.de

Bildungsstätte Gartenbau Grünberg
Gießener Str. 47
35305 Grünberg
Tel.: 0 64 01 / 91 01-0
Fax: 0 64 01 / 91 01-91
E-Mail: info@bildungsstaette-gartenbau.de
www.bildungsstaette-gartenbau.de

Staatliche Bodenuntersuchungsinstitute (www.vdlufa.de)

Sächs. Landesanstalt für Landwirtschaft
Institut f. Landwirtschaftliche Untersuchungen
– LUFA Leipzig / Möckern –
Gustav-Kühn-Str. 8
04159 Leipzig

Landesanstalt für Landwirtschaft und Gartenbau Sachsen-Anhalt
Strenzfelder Allee 22
06406 Bernburg
Tel.: 0 34 71 / 33 42-02
Fax: 034 71 / 33 42-05
E-Mail: poststelle@llg.mlu.lsa-net.de
www.llg-lsa.de

Thüringer Landesanstalt für Landwirtschaft
LUFA Jena
Naumburger Str. 98
07742 Jena
Fax: 0 36 41 / 6 83-0
www.tll.de

Landeslabor Brandenburg
LUFA Potsdam
Templiner Str. 21
14473 Potsdam
Tel.: 03 31 / 23 26-240
Fax: 03 31 / 23 26-226
www.mlur.brandenburg.de

LUFA Rostock
Graf-Lippe-Str. 1
18059 Rostock
Tel.: 03 81 / 2 03 07 -10
Fax: 03 81 / 2 03 07-90
E-Mail: info@lms-lufa.de
www.lms-lufa.de

Institut für Angewandte Botanik der Universität Hamburg
Marseiller Str. 7
20355 Hamburg
Tel.: 0 40 / 4 28 38-0

LUFA Kiel
Gutenbergstr. 75–77
24116 Kiel
Tel.: 04 31 / 12 28-0
Fax: 04 31 / 12 28-498
www.lufa-kiel.de

LUFA der Landwirtschaftskammer Weser-Ems
Institut für Boden und Umwelt
Jägerstr. 23–27
26121 Oldenburg
Tel.: 04 41 / 80 18-30
Fax:04 41 / 80 18-99
E-Mail: lufa@lwk-we.de
www.lufa-nord-west.de

LUFA Hameln
Finkenborner Weg 1A
31787 Hameln
Tel.: 0 51 51 / 98 71-0
Fax: 0 51 51 / 98 71-11
E-Mail: lufa@lawikhan.de
www.lufa-hameln.de

Landesbetrieb Hessisches Landeslabor (LHL)
Standort Kassel
Am Versuchsfeld 13
34128 Kassel / Harleshausen
Tel.: 05 61 / 98 88-0
Fax: 05 61 / 98 88-300
E-Mail:info.lufa@lhl-wi.hessen.de
www.lufa-kassel.de

LUFA = Landwirtschaftliche Untersuchungs- und Forschungsanstalt

Landwirtschaftskammer Nordrhein-Westfalen
Untersuchungszentrum Münster
Nevinghoff 40
48147 Münster
Tel.: 02 51 / 23 76-0
Fax: 02 51 / 23 76-521
E-Mail: info@lwk.nrw.de
www.lk-wl.de
www.landwirtschaftskammer.de

LUFA NRW Bonn
Siebengebirgsstr. 200
53229 Bonn
Tel.: 02 28 / 4 34-0
Fax: 02 28 / 4 34-2202
www.landwirtschaftskammer.de

Staatliche Lehr- und Versuchsanstalt für Landwirtschaft, Weinbau und Gartenbau
Egbertstr. 18 / 19
54295 Trier
Tel.: 06 51 / 4 90 61
www.vlf-trier.de

Hessische Landwirtschaftliche Versuchsanstalt (HLVA)
Rheinstr. 91
64295 Darmstadt
Tel.: 0 61 51 / 8 85-5

LUFA Speyer
Bezirksverband Pfalz
Obere Langgasse 40
67346 Speyer
Tel.: 0 62 32 / 136-0
Fax: 0 62 32 / 136-110
E-Mail: poststelle@lufa-speyer.de
www.lufa-speyer.de

Landesanstalt für landwirtschaftliche Chemie
– Bodenabteilung –
Emil-Wolff-Str. 14
70599 Stuttgart
Tel.: 07 11 / 459-2671
Fax: 07 11 / 459-3495
E-Mail: postmaster@lachemie.uni-hohenheim.de
www.uni-hohenheim.de

LUFA Augustenberg
Neßlerstr. 23–31
76227 Karlsruhe
Tel.: 07 21 / 94 68-0
Fax: 07 21 / 94 68-112
E-Mail: poststelle@lufa.bwl.de
www.LUFA-Augustenberg.de

Bayerische Landesanstalt für Landwirtschaft
Vöttinger Str. 38
85354 Freising
Tel.: 0 81 61 / 71-5804
Fax: 0 81 61 / 71-5816
E-Mail:poststelle@lfl.bayern.de
www.lfl.bayern.de

Bayerische Landesanstalt für Weinbau und Gartenbau
Abt. Kellerwirtschaft und Untersuchungswesen
Herrnstr. 8
97209 Veitshöchheim
Tel.: 09 31 / 98 01-562
Fax: 09 31 / 98 01-550
www.landwirtschaft.bayern.de

Österreich

Höhere Bundeslehr- und Versuchsanstalt für Gartenbau
Grünbergstr. 24
A-1130 Wien / Schönbrunn
Tel.: +43 (0) 1 813 59 50-0
Fax: +43 (0) 1 813 59 50-99
E-Mail: office@gartenbau.at
www.hblagart.bmlf.gv.at

Tiroler Landwirtschaftliche Untersuchungs- und Versuchsanstalt (LUVA)
A-6200 Rotholz 46
Tel.: +43 (0) 52 44 / 6 51 51-0

Landwirtschaftlich-chemische Landesversuchs- und Untersuchungsanstalt
Burggasse 2
A-8010 Graz
Tel.: +43 (0) 3 16 / 8 77 38 20

Private Bodenuntersuchungsinstitute

Institut Koldingen GmbH
Ehlbeek 2
30938 Burgwedel
Tel.: 0 51 39 / 99 69-0
Fax: 0 51 39 / 99 69-35
E-Mail: koldingen@agrolab.de
www.agrolab.de

Ing. B. Riffel Bodenlabor
Weinheimer Landstr. 115
55232 Alzey
Tel.: 0 67 31 / 4 38 59

Institut Prof. Dr. Jäger
Ernst-Simon-Str. 2–4
72072 Tübingen
Tel: 0 70 71 / 70 07-0
Fax: 0 70 71 / 70 07-77
E-Mail: Institut@InstitutDrJaeger.de
www.institutdrjaeger.de

Laboratorium Lacher
Niedermattenstr. 3
79238 Ehrenkirchen
Tel.: 0 76 33 / 98 22-34
Fax: 0 76 33 / 98 22-35
E-Mail: michael.lacher@laboratorium-lacher.de
www.bgkev.de/prueflabore

Agrolab GmbH
Schulstr. 1
85416 Langenbach / OT Oberhummel
Tel.: 0 87 61 / 76 13 21
Fax:0 87 61 / 76 13 56
E-Mail: zentrale@agrolab.de
www.agrolab.de

Institut für Umweltschutz
Labor Gerhard Pieper
Abt-Hyller-Str. 4 / 1
88250 Weingarten
Tel.: 07 51 / 4 45 00

Labor für Boden- und Düngemitteluntersuchungen
Dr. Dürr
Hagener Weg 27
89179 Beimerstetten
Tel.: 0 73 48 / 64 08
Fax: 0 73 48 / 65 07
E-Mail: kontakt@labor-duerr.de
www.labor-duerr.de

Labor für Umweltanalytik
Dr. Rietzler
Schnorrstr. 5 a
90471 Nürnberg
Tel.: 09 11 / 86 88-20
Fax: 09 11 / 86 88-222

Schweiz
UFAG Laboratorien
Kornfeldstr. 4
CH-6210 Sursee
E-Mail: info@ufag-laboratorien.ch
www.ufag-laboratorien.ch

Amtliche Pflanzenschutzberatung (www.pflanzenschutzdienst.de)

Sachsen
Sächsische Landesanstalt für Landwirtschaft
Fachbereich Integrierter Pflanzenschutz, Referat 63
Alttrachau 7
01139 Dresden
Tel.: 03 51 / 85 30 40

Berlin
Pflanzenschutzamt Berlin
Mohriner Allee 137
12347 Berlin
Tel.: 0 30 / 70 00 06-0
Fax: 0 30 / 70 00 06-55

Brandenburg
Landesamt für Verbraucherschutz, Landwirtschaft und Flurneuordnung
Pflanzenschutzdienst
Ringstr. 1010
15226 Frankfurt(Oder)-Markendorf
Tel.: 03 35 / 52 76 22
Fax: 03 35 / 5 21 73 70
E-Mail: poststelle.pflanzenschutzdienst@lvlf.brandenburg.de
www.lmur.brandenburg.de

Mecklenburg-Vorpommern
Landespflanzenschutzamt
Graf-Lippe-Str. 1
18059 Rostock
Tel.: 03 81 / 4 91 23-31 und -33
Fax:. 03 81 / 4 92 26 65
E-Mail: poststelle@lps.mvnet.de

Hamburg
Institut für Angewandte Botanik
Pflanzenschutzamt Hamburg
Ohnhorststraße 18
22609 Hamburg
Tel.: 0 40 / 428 16-556
E-Mail: Pflanzenschutz@iangbot.uni-hamburg.de
www.pflanzenschutzamt-hamburg.de

Schleswig-Holstein
Pflanzenschutzamt
Westring 383
24118 Kiel
Tel.: 04 31 / 8 80 13 02
E-Mail: pflanzenschutz@pfs.alr-kiel.landsh.de

Bremen
Senator für Umweltschutz und Stadtentwicklung, Pflanzenschutzdienst
Große Weidestr. 4–16
(Postanschrift: Hanseatenhof 5)
28195 Bremen
Tel.: 04 21 / 3 61 25 75

Niedersachsen
Landwirtschaftskammer Weser-Ems
Pflanzenschutzamt
Sedanstraße 4
26121 Oldenburg
Tel.: 04 41 / 8 01-0
Fax: 04 41 / 8 01-777
E-Mail: psa@lwk-we.de
www.lwk-we.de

Hessen
Regierungspräsidium Gießen
Pflanzenschutzdienst Hessen
Schanzenfeldstr. 8
35578 Wetzlar
E-Mail: orthka@ulf.hessen.de
www.rp-giessen.de

Sachsen-Anhalt
Landespflanzenschutzamt
Lerchenwuhne 125
39128 Magdeburg
Tel.: 03 91 / 25 69-450 bis -453

Nordrhein-Westfalen
Landwirtschaftskammer Nordrhein-Westfalen
Pflanzenschutzdienst
Siebengebirgsstraße 200
53229 Bonn-Roleber
Tel.: 02 28 / 4 34-2101
Fax: 02 28 / 4 34-2102
E-Mail: Pflanzenschutzdienst@lwk.nrw.de

Rheinland-Pfalz
Dienstleistungszentrum für den ländlichen Raum (DLR) Rheinhessen-Nahe-Hunsrück
Rüdesheimer Str. 60–68
55545 Bad Kreuznach
E-Mail: agrarwirtschaft-5@dlr.rlp.de

Saarland
Landwirtschaftskammer für das Saarland
Pflanzenschutzamt
Dillinger Str. 67
66822 Lebach
Tel.: 06 81 / 6 65 05-0
Fax: 06 81 / 6 65 05-12
E-Mail: lwk-saar-martin@t-online.de
www.lwk-saarland.de

Baden-Württemberg
Landesanstalt für Pflanzenschutz
Reinsburgstr. 107
70197 Stuttgart
Tel.: 07 11 / 66 42-400
Fax: 07 11 / 66 42-499
E-Mail: poststelle.@lfp.bwl.de

Bayern
Bayerische Landesanstalt für Landwirtschaft
Institut für Pflanzenschutz
Lange Point 10
85354 Freising
E-Mail: Pflanzenschutz@LfL.bayern.de
www.lfl.bayern.de

Thüringen
Thüringer Landesanstalt für Landwirtschaft
Sachgebiet Pflanzenschutz
Kühnhäuser Str. 101
99189 Erfurt-Kühnhausen
Tel.: 03 62 01 / 8 17-0
Fax: 03 62 01 / 8 17-40
E-Mail: postmaster@kuehnhausen.tll.de
www.tll.de

Nützlinge

Katz Biotech AG
An der Birkenpfuhlheide 10
15837 Baruth
Tel.: 03 37 04 / 6 75-10
Fax: 03 37 04 / 6 75-79
oder Standort Süd:
Tel.: 0 71 82 / 93 53-73
Fax: 0 71 82 / 93 53-71
E-Mail info@katzbiotech.de
www.katzbiotechservices.de
www.floranuetzlinge.de

ÖRE Bio-Protect GmbH
Neuwührener Weg 26
24223 Raisdorf
Tel.: 0 43 07 / 69 81
E-Mail: info@nuetzlingsberater.de
www.nuetzlingsberater.de

re-natur GmbH
Kräuter Park
Am Pfeifenkopf 9
24601 Stolpe
Tel.: 0 43 26 / 28 93 90
Fax: 0 43 26 / 28 93 91
E-Mail: kraeuterpark@re-natur.de
www.re-natur.de

W. Neudorff GmbH KG
Abt. Nutzorganismen
Postfach 12 09
31857 Emmerthal
Tel.: 0180 / 5 63 83 67
E-Mail: info@neudorff.de
www.neudorff.de

AMW Nützlinge GmbH
Ausserhalb 54
64319 Pfungstadt
Tel.: 0 61 57 / 99 05 95
Fax: 0 61 57 / 99 05 97
E-Mail: amwnuetzlinge@aol.com
www.amwnuetzlinge.de

STB-Control
Triebweg 2
65326 Aarbergen
Tel.: 0 61 20 / 90 08 70
Fax: 0 61 20 / 90 08 71
E-Mail: stb-control@gmx.de
www.stb-control.de

Sautter & Stepper GmbH
Rosenstr. 19
72119 Ammerbuch
Tel.: 0 70 32 / 95 78-30
E-Mail: info@nuetzlinge.de
www.nuetzlinge.de

Hatto und Patrick Welte
Maurershorn 10
78479 Insel Reichenau
Tel.: 0 75 34 / 71 90
Fax: 0 75 34 / 14 58
www.welte-nuetzlinge.de

Bäume und Sträucher

Baumschule Schob
Lößnitzer Str. 82
08141 Reinsdorf b. Zwickau
Tel.: 03 75 / 29 54 84
Fax: 03 75 / 29 34 57
E-Mail: info@schob.de
www.schob.de

H. Lorberg Baumschulerzeugnisse GmbH & Co.KG
Zachower Str. 4
14669 Ketzin / OT Tremmem
Tel.: 03 32 33 / 84-0
Fax: 03 32 33 / 84-100
E-Mail: lorberg@lorberg.com
www.lorberg.com

Baumschule & Pflanzenhandel Lorenz von Ehren GmbH & Co. KG
Maldfeldstraße 4
21077 Hamburg
Tel.: 0 40 / 7 61 08-0
Fax: 0 40 / 7 61 08-100
E-Mail: LvE@LvE.de
www.LvE.de

Hermann Cordes Baumschulen
Lülanden 4
22880 Wedel / Holstein
Tel.: 0 41 03 / 9 39 80
Fax:. 0 41 03 / 53 40
www.cordes-apfel.de

Baumschule H. Hachmann
Brunnenstr. 68
25355 Barmstedt
Tel: 0 41 23 / 20-55, -56
Fax: 0 41 23 / 66 26
E-Mail: info@hachmann.de
www.hachmann.de
www.japan-ahorn.de

Kordes Jungpflanzen Handels GmbH
Mühlenweg 8
25485 Bilsen
Tel.: 0 41 06 / 40 11
Fax: 0 41 06 / 40 12
E-Mail: info@koju.de
www.koju.de

Eggert Baumschulen
Baumschulenweg 2-6
25594 Vaale
Tel.: 0 48 27 / 93 26 27
Fax: 0 48 27 / 93 26 28
E-Mail: info@eggert-baumschulen.com
www.eggert-baumschulen.de

Baumschulen Böhlje
Oldenburger Str. 9
26655 Westerstede
Tel.: 0 44 88 / 99 86-0
E-Mail: info@boehlje.de
www.boehlje.de

Obstbaumschule Dr. Ute Hoffmann
Brinkstr. 53
27249 Mellinghausen / Brake
Tel.: 0 42 72 / 96 22 44
Fax: 0 42 72 / 18 65

Baumschule Bruno Wenk
Dickenrück
36199 Rotenburg a. d. Fulda
Tel.: 0 66 23 / 22 14
Fax: 0 66 23 / 58 04
E-Mail: Baumschule.Wenk@t-online.de

Artländer Pflanzenhof GbR
Fliegerhorst 2
49535 Badbergen
Tel.: 0 54 31 / 24 58
Fax: 0 54 31 / 90 43 53
E-Mail: info@pflanzenhof-online.de

Baumschulprodukte Herr GmbH
Baumschulenweg 19–25
53340 Meckenheim
Tel.: 0 22 25 / 94 19 62
Fax: 0 22 25 / 94 19 70
E-Mail:
baumschuleherr@compuserve.de

Ahornblatt GmbH
Postfach 1125
55001 Mainz
Tel.: 0 61 31 / 7 23 54
Fax: 0 61 31 / 36 49 67
E-Mail: Nachricht@Ahornblatt-Garten.de
www.ahornblatt-garten.de

Baumschule Eberts
Saarstraße 3–5
76532 Baden-Baden
Tel.: 0 72 21 / 50 74-0
Fax: 0 72 21 / 50 74-80
E-Mail: info@bambus.de
www.bambus.de

Häberli Obst- und Beerenzentrum GmbH
August-Ruf-Str.12 a
78224 Singen
Tel.: 0171 / 9 97 34 11
E-Mail: info@haeberli-beeren.ch
www.haeberli-beeren.ch

Klaus Ganter Qualitätsbaumschule KG
Baumweg 2
79369 Whyl am Kaiserstuhl
Tel.: 0 76 42 / 10 61
Fax: 0 76 42 / 26 85
E-Mail: info@ganter-baden.de
www.ganter-baden.de

Baumschule Baumgartner
Hauptstr. 2
84378 Nöham bei Pfarrkirchen
Tel.: 0 87 26 / 2 05
Fax: 0 87 26 / 13 90
E-Mail: baumgartner@baumgartner-baden.de
www.baumgartner-baumschulen.de

Kletterpflanzen

Clematis-Kulturen
F. M. Westphal
Peiner Hof 7
25497 Prisdorf
Tel.: 0 41 01 / 7 41 04
Fax: 0 41 01 / 78 11 13
E-Mail: kontakt@clematis-westphal.de
www.clematis-westphal.de

Clematis-Baumschule W. Kruse
Wallenbrücker Str. 14
49328 Melle-Westhoyel
Tel.: 05226 / 98 98 66
Fax: 05226 / 98 98 67
E-Mail: kruse@clematis.de
www.clematis.de

Stauden

Kräuter- und Staudengärtnerei Mann
Schönbacherstr. 25
02708 Lawalde
Tel.: 0 35 85 / 40 37 38
E-Mail: info@plantasia.de
www.staudenmann.de

Alpine Staudengärtnerei
Siegfried Geißler
Gorschmitz Nr. 14
04703 Leisnig / Sachsen
Tel. + Fax: 03 43 21 / 1 46 23

Staudengärtnerei Alpine Raritäten
Jürgen Peters
Auf dem Flidd 20
25436 Uetersen
Tel.: 0 41 22 / 33 12
Fax: 0 41 22 / 4 86 39
E-Mail: info@alpine-peters.de
www.alpine-peters.de

Staudengärtnerei Ernst Pagels
Deichstraße 4
26789 Leer
Tel.: 04 91 / 32 18
Fax: 04 91 / 6 25 16
E-Mail: pagels-leer@t-online.de

Staudengärtner Klose
Rosenstraße 10
34253 Lohfelden / Kassel
Tel.: 05 61 / 51 55 55
Fax: 05 61 / 51 51 20
www.staudengaertner-klose.de

Arends Maubach
Stauden & Gartenkultur
Monschaustraße 76
42369 Wuppertal-Ronsdorf
Tel.: 02 02 / 46 46 10
Fax: 02 02 / 46 49 57
www.arends-maubach.de

Kayser & Seibert
Wilhelm-Leuschner-Straße 85
64380 Roßdorf
Tel.: 0 61 54 / 90 68
Fax: 0 61 54 / 8 20 69
E-Mail: info@kayserundseibert.de
www.kayserundseibert.de

Staudengärtnerei Gräfin von Zeppelin
Weinstr. 2
79295 Sulzburg-Laufen
Tel.: 0 76 34 / 6 97 16
Fax: 0 76 34 / 65 99
E-Mail: info@graefin-v-zeppelin.com
www.graefin-v-zeppelin.com

Staudengärtnerei Dieter Gaissmayer
Jungviehweide 3
89257 Illertissen
Tel.: 0 73 03 / 72 58
Fax: 0 73 03 / 4 21 81
E-Mail: info@staudengaissmayer.de
www.staudengaissmayer.de

Zwiebelblumen

Albert Treppens
Berliner Straße 84–88
14169 Berlin-Zehlendorf
Tel.: 0 30 / 8 11-33 36
Fax: 0 30 / 8 11-43 04
E-Mail: info@treppens.de
www.treppens.de

Küchengarten Reinhold Krämer
Waldstetter Gasse 4
73525 Schwäbisch Gmünd
Tel.: 0 71 71 / 92 87 12
Fax: 0 71 71 / 92 87 14
E-Mail: kuechengarten.kraemer@t-online.de

Blumenzwiebelversand
Bernd Schober
Stätzlinger Straße 94a
86165 Augsburg
Tel.: 08 21 / 72 98 95 00

Grüner Tiger Versandhandel
(ökologischer Anbau)
Pfarräckerstr. 13
90522 Oberasbach

Kräuter und Duftpflanzen

Kräuter- u. Staudengärtnerei Mann
Schönbacherstr. 25
02708 Lawalde
Tel.: 0 35 85 / 40 37 38
E-Mail: info@plantasia.de
www.staudenmann.de

Die Kräuterei
Alexanderstraße 29
26121 Oldenburg
Tel.: 04 41 / 88 23 68
www.kraeuterei.de

Rühlemanns Kräuter und Duftpflanzen
Auf dem Berg 2
27367 Horstedt
Tel.: 0 42 88 / 92 85-58
Fax: 0 42 88 / 92 85-59
E-Mail: info@ruehlemanns.de
www.ruehlemanns.de

Kräuterey Lützel
Im Stillen Winkel 5
57271 Hilchenbach
Tel.: 0 27 33 / 38 46
Fax: 0 27 33 / 1 26 79
www.kraeuterey.de

Otzberg Kräuter
Erich Ollenhauer-Str. 87a
65187 Wiesbaden
Tel.: 06 11 / 8 12 05 45
Fax: 06 11 / 8 46 05 58

Tausendschön
Hauptstraße 9
74541 Vellberg-Großaltdorf
Tel.: 0 79 07 / 89 79

Syringa Duft- und Würzkräuter
Bachstraße 7
78247 Hilzingen-Binningen
Tel.: 0 77 39 / 14 52
Fax: 0 77 39 / 6 77
E-Mail: info@syringa-samen.de
www.syringa-samen.de

Blumenschule Rainer Engler
Augsburger Straße 62
86956 Schongau
Tel.: 0 88 61 / 73 73
Fax: 0 88 61 / 12 72
E-Mail: info@blumenschule.de
www.blumenschule.de

Kräuter im Brunnenhof
Kornstraße 61
88370 Ebenweiler
Tel.: 0 75 84 / 32 33
www.brunnenhof-kraeuter-und-mehr.de

Raritätengärtnerei Treml
Eckerstraße 32
93471 Arnbruck
Tel.: 0 99 45 / 90 51 00
Fax: 0 99 45 / 90 51 01
E-Mail: treml@pflanzentreml.de
www.pflanzentreml.de

Accessoires, Gartenmöbel und -zubehör

Garpa Garten & Park Einrichtungen GmbH
Kiehnwiese 1
21039 Escheburg bei Hamburg
Tel.: 0 41 52 / 9 25 200
Fax: 0 41 52 / 9 25 250
E-Mail: info@garpa.de
www.garpa.de

Car Selbstbaumöbel
Gutenbergstraße 9a
24558 Henstedt-Ulzburg
Tel.: 0 41 93 / 75 55-0
Fax: 0 41 93 / 75 55-15
E-Mail: office@car-moebel.de
www.car-moebel.de

Pötschke Ambiente GmbH
Beuthener Str. 4
41564 Kaarst
Tel.: 0 18 05 / 9 11-508
Fax: 0 18 05 / 9 11-520
E-Mail: ambiente@poetschke.com
www.poetschke-ambiente.de

Eschbach GmbH
Monte da Vinci
53819 Neunkirchen / Siegburg
Tel.: 0 22 47 / 96 93-0
Fax: 0 22 47 / 96 93-49
E-Mail: info@eschbach-accente.com
www.eschbach-accente.de

Trost GmbH & Co
Terracotta Rauenberg
Bottstraße 1
69231 Rauenberg
Tel.: 0 62 22 / 65-1
Fax: 0 62 22 / 65-247
E-Mail: info@rauenberger-terracotta.de
www.rauenberger-terracotta.de

Country Garden Versand GmbH
Nagolderstraße 27
72119 Ammerbuch-Pfäffingen
Tel.: 0 70 73 / 23 72
Fax: 0 70 73 / 91 51 29
www.country-garden.com

Die Gartengalerie
Monika Tittlbach
Wössinger Straße 15
75045 Walzbachtal-Wössingen
Tel.: 0 72 03 / 18 05
Fax: 0 72 03 / 63 36
E-Mail: info@gartengalerie.de
www.gartengalerie.de

Liebenauer Landleben
Stiftung Liebenau
Siggenweilerstraße 11
88074 Meckenbeuren
Tel. + Fax: 0 75 42 / 10 12 96
E-Mail: info@liebenauer-landleben.de
www.liebenauer-landleben.de

Register

Die **halbfett** markierten Seitenzahlen verweisen auf Abbildungen.

Impressum

Mit 274 Farbfotos von:
BDG/Frank Müller, Berlin: 41 uli; **BDG/Thomas Wagner**, Berlin: 9 u, 41 ure, 47 u, 48 uli, 118, 119, 120, 121; **botanikfoto/Steffen Hauser**, Berlin: 9 o, 14, 15 oli, 15 ore; **Helga Buchter-Weisbrodt**, Rödersheim/Gronau: 46 o, 113 (2. von oben), 113 (8. von oben); **CMA**, Berlin: 30; **Otmar Diez**, Sulzthal: 13 uli, 37 ure, 50, 56 uli, 57 ure, 61 o, 68, 74 u, 79 u; **Eschbach GmbH**, Neunkirchen/Siegburg: 20 u; **Flora Press**, Hamburg: 20 o, 21 o, 40; **Achim Friedrich**, Potsdam: 29 uli; **Garpa Garten & Park Einrichtungen**, Escheburg bei Hamburg: 6 ure; **GartenBildAgentur Strauß**, Au: 104 uli; **Gartenschatz GmbH**, Stuttgart: 8 u, 23 u, 31 u, 39 ore, 47 o, 63 oli, 106 (alle 8), 107 (alle 8), 108 (alle 8), 109 (alle 8), 110 (1., 2., 3., 5., 6. und 8. von oben), 111 (alle 8), 112 (1., 2., 4., 5., 7. und 8. von oben), 113 (1., 3., 4., 6. und 7. von oben); **Christian Gehler**, Berlin: 2/3; **Häberli Obst- und Beerenzentrum AG**, CH-Neukirch-Egnach: 27 oli; **Ines Heim**, Freiburg: 17; **Die Grüne Fotoagentur Britta Henseler**, Wolfratshausen: 92 (3. und 5. v. oben); **Heidrun Holzförster**, Haslach: 26, 69 ure, 101 (beide); **Peter Kiermeier**, Furth ü. Landshut: 44 o; **Wilhelm Kruse**, Melle-Westhoyel: 110 (7. von oben); **BotanikBildarchiv Laux**, Biberach/Riß: 45 ure; **Mein schöner Garten/Bodo Butz**, Offenburg: 51, 63 ganz u re, 85 u; **Sibille Victoria Müller**, Raubach: 8 o, 13 o, 25 u, 16 ure, 21 u, 29 ure, 42 u, 60, 73 ore; **Wolfgang Redeleit**, Bienenbüttel: 11, 12, 16 uli, 23 oli, 23 ore, 25 o, 28, 29 o, 31 ore, 34 uli, 35 ore, 36/37, 41 o, 48 ore, 53 (alle 3), 54 o, 55, 56 Mili, 57 ore, 59 uli, 59 oli, 61 ure, 62 o, 63 Mire, 63 ure, 66 (alle drei), 69 Mili, 69 uli, 69 ore, 71 ure, 73 uli, 76 u, 78 uli, 79 oli, 79 ore, 80 uli, 81 ure, 82 u, 86 u, 96, 99 o, 100, 104 ore; **Reinhard-Tierfoto/Hans Reinhard**, Heiligkreuzsteinach/Eiterbach: 1, 6 ore, 19 (beide), 22, 24, 27 ore, 27 uli, 27 ure, 31 oli, 32, 34 oli, 35 ure, 37 ore, 37 uli, 38, 42 o, 43, 44 u, 48 oli, 52, 59 ore, 65 o, 67 (beide), 74 o, 75, 76 o, 83 (beide), 84, 85 o, 87 o, 88 (1. v. oben), 92 (1. v. oben), 103 oli, 105 uli, 105 ure; **Reinhard-Tierfoto/Nils Reinhard**, Heiligkreuzsteinach/Eiterbach: 45 o, 70; **Gerhard Richter**, Freising: 10 u, 13 ure, 33 o, 46 u, 71 uli, 72; **Manfred Ruckszio**, Taunusstein: 57 oli, 78 ure, 80 ore, 113 (5. von oben); **Bildarchiv Sammer**, Neuenkirchen: 89 (5. v. oben); **Karl-Heinz Schmidt**, Werder: 15 ure; **Jürgen Stork**, Ohlsbach: 59 ure, 94 (alle drei); **Syngenta Seeds GmbH**, Kleve: 112 (3. von oben); **Alice Thinschmidt**, **Daniel Böswirth**, A-Wien: 4, 6 oli, 10 o, 33 uli, 39 oli, 48 ure, 62 u, 65 u, 82 o, 87 ure; **Annette Timmermann**, Kalübbe: 6 uli, 16 o, 18; **Andreas Vietmeier**, Münster: 86 o, 87 Mire, 87 ganz u re, 88 (2., 3., 4., 5. und 6. v. oben), 89 (1., 2., 3., 4. und 6. v. oben), 90 (alle 4), 91 (alle 6), 92 (2., 4. und 6. v. oben), 93 (alle 6); **Clematis-Westphal**, Prisdorf: 33 ure, 110 (4. von oben); **Wikipedia/Goldlocki**: 81 oli; **Xeniel-Dia**, Stuttgart: 112 (6. von oben).

Mit 39 Farbillustrationen von:
Fabian Hofmann, München: 64 (alle sechs); **Reinhild Hofmann**, München (Vorlage: Gerhard Richter, Freising): 71; **Carolin Krank**; Lindau: 54 (alle drei); **Mein schöner Garten/Claudia Schick**, Offenburg: 103 (beide); **Wolfgang Lang**, Grafenau: 51, 99 (alle drei), 100 uli, 100 ure, 101 Mre, 101 ure; **Horst Lünser**, Berlin: 55, 60, 73, 77 (alle drei), 95 (beide), 96 (beide), 97 (alle fünf), 98 (alle drei), 99 u.

Umschlaggestaltung von eStudio Calamar, Spanien.
Umschlagvorderseite mit 6 Fotos von: BDG/Thomas Wagner, Berlin (Hauptmotiv), Häberli Obst- und Beerenzentrum AG, CH-Neukirch-Egnach; Otmar Diez, Sulzthal; Reinhard-Tierfoto/Nils Reinhard, Heiligkreuzsteinach/Eiterbach; Wolfgang Redeleit, Bienenbüttel; Annette Timmermann, Stolpe (unten von links nach rechts).
Umschlagrückseite mit 4 Fotos von: Flora Press, Hamburg; Sibille-Victoria Müller, Raubach; Wolfgang Redeleit, Bienenbüttel; Otmar Diez, Sulzthal (von oben nach unten).

Mit 274 Farbfotos und 39 Farbillustrationen.

Bibliografische Informationen der Deutschen Nationalbibliothek
Die Deutsche Nationalbibliothek verzeichnet diese Publikation in der Deutschen Nationalbibliografie; detaillierte bibliografische Daten sind im Internet über http://dnb.ddb.de abrufbar.

Alle Angaben in diesem Buch sind sorgfältig geprüft und geben den neuesten Wissensstand bei der Veröffentlichung wieder. Da sich das Wissen aber laufend in rascher Folge weiterentwickelt und vergrößert, muss jeder Anwender prüfen, ob die Angaben nicht durch neuere Erkenntnisse überholt sind. Dazu muss er zum Beispiel Beipackzettel zu Dünge-, Pflanzenschutz- bzw. Pflanzenpflegemitteln lesen und genau befolgen sowie Gebrauchsanweisungen und Gesetze beachten.

Unser gesamtes lieferbares Programm und viele weitere Informationen zu unseren Büchern, Spielen, Experimentierkästen, DVDs, Autoren und Aktivitäten finden Sie unter **www.kosmos.de**

1. Auflage

ISBN 978-3-440-10842-0
Redaktion: Carolin Krank
Produktion: DOPPELPUNKT Auch & Grätzbach GbR, Stuttgart
Grundlayout: solutioncube GmbH, Reutlingen
Printed in Germany / Imprimé en Allemagne